依然相信

美國最受歡迎福音歌手走過心碎，
放手讓神帶領的恩典旅程。

I *Still* Believe

Jeremy Camp
傑洛米・坎普
David Thomas
大衛・湯瑪士——合著　高紫文——譯

各界感動好評

在絕望中無法改變已發生的事，卻能決定將發生的事。透過傑洛米．坎普的自傳，能鼓勵在絕望中掙扎的人。

——**萬力豪，The Hope 教會主任牧師**

傑洛米．坎普透過這本書，彷彿他的人生跑馬燈一般，告訴我們「詩歌背後的故事」。相信，不是因為凡事順利，而是經歷過這一切困境、高山低谷、甚至絕望……之後，依然相信。無論你是否從事詩歌創作、帶領敬拜、音樂事奉，相信你都能從他的經歷中得到幫助！

——**葛兆昕，牧師、資深詩歌創作人**

當禱告彷彿不被神傾聽，你會如何面對？作者的故事將激勵你在黑暗的人生歷練中保持善良，並持續的堅定這份信仰。

——**趙治德，約書亞樂團團長**

當我自己也是一位福音歌手來看傑洛米的故事時，心裡會有一種共鳴，就是覺得神在「福音歌手」的生命路程上，經常是這樣擺放許多曲折或挑戰，但最終都成為他生命中美妙的旋律。這本書實在讓我看見，始終信靠神的人，是多麼的蒙福！

——蔡嘉揚，音為愛音樂事工創作人

閱讀這本書最大的收穫，是看見現代基督化家庭的鮮明榜樣：「我們有愛，但是神就是愛。」期許我們給予孩子的愛，能成就孩子們在上帝愛裡勇往直前的信心，像傑洛米一樣。

——100種理想，知名親子網紅

很高興在這本書裡，讀者有機會詳細觀賞傑洛米的人生，特別是電影裡沒有呈現的部分。傑洛米的故事見證了上帝的恩典，動人肺腑，從他與妻子梅麗莎相戀到失去梅麗莎，再到他跟雅主音共度人生，從傷痛中恢復，獲得上帝賜福。書中提到，梅麗莎的遺願就是，希望上帝能利用她的死，至少讓一個人歸向上帝，而傑洛米的音樂和他熱切分享梅麗莎的故事，已經帶領了許多人進入上帝的國度！

——巴特．米拉德（Bart Millard），美國知名敬拜團 MercyMe 團長

目·錄

序言

一切的開端

拿起你的吉他。

我不想要啊。我完全不想碰音樂。當時梅麗莎上天堂兩個星期了，我的妻子死於卵巢癌時才二十一歲，我們結婚才三個半月。

我獨自坐在爸媽家的沙發上，倍感孤寂。

那兩個星期，濃霧籠罩我的生活，久久不散。原本事事看似順心如意，結果卻瞬間灰飛煙滅。醫生告訴我們，梅麗莎的癌症消失了，於是我們開心結婚，夢想著生孩子、以後一起事奉主——我表演音樂，她參加婦女事工和帶領聖經研讀。然而，我們根本沒機會實現這些夢想。

我的梅麗莎死了，我好想知道上帝在哪裡。我想要禱告，卻傷心欲絕，根本不確定自己的想法是什麼。我試著禱告，但是不知道該從何開始。不論我怎麼努力向上帝傳達虛弱的話語，我說的話似乎總是迷失在籠罩著我的濃霧之中。

祢真的有聽到我說話嗎，上帝？

祢真的關心我的種種情況嗎？

上帝？祢在附近嗎？

拿起你的吉他——這是梅麗莎去世之後，我第一次感覺到上帝回覆我。祂的話清清楚楚傳進我的心裡。

但是我不想拿起吉他，我不想再碰音樂，以前做過的事，我都不想做。寫歌的時候，我會寫出心裡的感受，但是現在我什麼都感覺不到，我感到麻木，我心力交瘁，我無能為力。

不，主啊，我完全不想要彈吉他。

拿起你的吉他。我有話要你寫下來。

最終，我選擇乖乖聽話，沒有多加思考，信手彈出一些和弦。我不明白為什麼我要彈，只是聽命繼續彈。接著心潮開始激盪起來，我感覺眼睛出現淚水。文字——清晰的思緒——湧現心中，我開始一邊彈吉他，一邊唱出來。

散亂的話語和空洞的思緒
似乎從我的心裡湧現

這是這兩個星期來，我第一次能夠表達心裡的感受。

我以前從來沒有感到如此撕心裂肺
我似乎不知該從何開始

我趕緊找筆和筆記簿，回到沙發上。

就是現在，我感覺到祢的恩典如雨般落下
從每根指尖，洗去我的痛苦

我草草記下心中不斷湧現的文字。

我依然相信祢的信實
我依然相信祢的真理
我依然相信祢的話語

文字湧現，不是從腦海，而是從靈魂深處。

即便我看不見，我依然相信

我一下用吉他彈著樂曲，一下在筆記簿上寫歌詞，最後我輕聲唱，寫下最後幾句話：

在心碎的時候，我可以看見這是祢給我的旨意
讓我知道祢就在附近[1]

我往後靠上沙發背，驚嘆於從我心裡湧現的那些文字，渾然不知上帝會如何使用我來對別人說那些話。很多人跟我一樣，覺得被遺棄在人生的深谷中，需要希望，需要鼓舞，讓上帝進入他們的靈魂深處，到信仰的根基找出決心，大聲說：「我依然相信！」

不到十分鐘，我就把〈依然相信〉寫好了。

不過，其實，這首歌我寫了一輩子。

1〈依然相信〉（I still believe），傑洛米．坎普作詞。

第1章 療傷從家開始

信仰與家庭。

現在回過頭來看，我可以說，我是回到爸媽在印第安納州拉法葉的家之後，才開始漸漸撫平梅麗莎去世的傷痛。

我離家到加州讀聖經學院。在加州，我找到了人生的道路，立志為上帝奉獻；在那裡，我開始發展音樂事業；在那裡，我遇見了上帝派來陪我事奉祂的伴侶。不過梅麗莎的追悼會過後，我本來以為已經鋪在前方的那條路卻猝然消失，我的信仰徹底動搖，我從來沒有想過會發生這種事，我不知所措，只能回家。

在我的人生故事裡，信仰和家庭緊密交織在一塊。

爸媽給了我他們成長過程中所沒有的：基督教家庭。這件事本身就是奇蹟一樁。

各位想像一下，在一個禮拜日的晚上，有個爛醉如泥的男人，跟一個同樣醉醺醺的朋友，腳步踉蹌走進一間教堂，聽了牧師的講道之後，就篤信耶穌是救主。這就是我爸歸向基督的神奇故事。

我爸叫阿湯，他的朋友都管他叫「大熊」。他十六歲時因為染上嚴重的酒癮和毒癮而輟學（他後來取得高中同等學歷證書，讀了大學）。我爸生性喜愛玩樂，成天尋歡作樂。他在成長過程中，總是能不費吹灰之力就找到樂子，還呼朋引伴一起同樂。

我媽叫德莉，在學校裡是個典型的好女孩，在穩定的家庭環境中成長。她是個品學兼優的學生，對人生有規劃、有目標。她在高三時認識我爸，開始交往，當時她已經被普渡大學（Purdue University）錄取了。

他們的交往成了校園裡的熱門話題，然而不是像啦啦隊隊長和橄欖球隊四分衛交往那樣人人稱羨，大家反而大多在非議：「她怎麼會跟他廝混？」

我媽喜歡我爸個性討喜，覺得跟他聊天很自在。不過我爸因為酒癮大，大麻又抽得凶，很難找到穩定的工作。於是我媽放棄到大學攻讀室內設計的計畫，開始工作。我爸媽變成受歡迎的派對主人，我爸當時在賣大麻，所以各位可以想像我爸媽在家舉辦的是什麼樣的派對，來的都是什麼樣的人。

得知我媽懷孕後，他們就開始同居。我姊叫四月，是在一九七五年爸媽還沒結婚時出生的。孩子出世後，雖然家裡舉辦派對的次數減少了許多，不過我爸的生活卻繼續墮落於歧途，而且變本加厲，不只酒愈喝愈多，還開始吸食和販賣古柯鹼，隨著酒喝愈多，性格也變得愈暴力。

四月出生大約一年半之後，我爸陷入憂鬱，在一番天人交戰之後，幡然醒悟自己的人生日漸失控。

「我不知道我是怎麼回事。」他告訴我媽，「我覺得內心好空虛。不是因為妳，也不是因為四月。吸毒根本無法讓我快樂，我不知道到底是怎麼回事。」

「你需要去給精神科醫生看看嗎？」我媽問他。

「不用。」我爸回答，「我需要去找個牧師談談。」

一九七六年聖誕節，我爸明顯抑鬱消沉，我媽擔心我爸自殘，苦口婆心勸慰他，他卻說：「我得去教堂，我現在就得去。」

那天晚上，他們開車到一間又一間教堂，尋找有開門的教堂，最後終於找到一間，有幾個人在裡頭練習演奏音樂。我爸媽走進去，靜靜坐在長椅上，不過那些演奏音樂的人從頭到尾都沒有跟他們說話，或許是因為他們看起來像嬉皮，不像一般上教堂的人。我爸媽在長椅上坐了一陣子之後，我媽問我爸有沒有覺得好一點。

「有。」他說，接著他們就離開了。

四天後，星期三晚上，我爸媽又決定去找一間教堂。

我爸小時候有個親切的女鄰居，名叫阿眉，偶爾會帶他一起去教堂。有一次，我爸十一歲的時候，他接受洗禮，信了基督。但是，沒有家人幫助他維持信仰，他終究離棄了教堂。跟我媽交往初期，他曾經聊過宗教話題，然而對於基督信仰，他一直都只是在心裡思索滿腹的疑惑，從未進一步去解惑。不過至少阿眉帶他去過教堂，讓他在檢討人生、決定洗心革面之際，發現可以去教堂尋求解方。其他方法他幾乎都嘗試過了，不過在內心深處，他知道真理是什麼，是聖靈在吸引他，在他內心深處做工。

我媽在成長過程中斷斷續續去過教會，我外婆帶她去，外公則通常待在家，只有復活節和一些特別的時節例外。我外婆買了一本聖經故事書，我媽童年時讀得津津有味。不過我媽雖然認識耶穌，卻從未與祂建立關係。就在我爸看似可能會幹傻事之際，我媽敞開心房接受教會，希望教會能夠幫助他洗心革面。

就在聖誕節過後幾天，我爸又說了：「我得去找個牧師談談。我知道我們可以去哪裡——阿眉會去那間教堂。」

我爸知道以前那位鄰居星期三晚上會在那裡。他們抵達教堂時，禮拜儀式剛結束，大家正走出教堂。果然不出所料，阿眉在那裡。她見到我爸時，臉上露出燦爛的笑容。我爸說他需要跟牧師談談，阿眉旋即帶我爸媽去找牧師。他們四人坐下來，我爸開始說明自己的問題，說他覺得人生好空虛。牧師認為問題的根源在於我爸沒有懺悔自己的罪行，解釋說只有基督能夠填補我爸感覺到的空虛。我爸非常認同。牧師接著帶領我爸媽禱告，祈求寬恕。不過我媽主要是因為只有他們四個人在場，如果她不跟著禱告，可能會很尷尬，才勉為其難一起禱告。

禱告完後，牧師直接簡短建議我爸媽哪些地方必須改變：「你們必須結婚，改變穿著，修剪頭髮，交新朋友。」

我爸媽明白必須戒掉毒品和酒精，不過想不通要怎麼在一夜之間去找一批全新的朋友。至於穿著，他們現在擁有的衣物是他們掏盡荷包買的，他們哪有錢再去把衣櫃裡的衣物全部換新？

我爸一開始對結婚有問題。他在十六歲時曾經短暫結婚，當時他的女朋友懷孕了，他們只好結婚，不過他的女朋友後來流產，他們在一起不到六個月就離婚，決定不廝守終身。過去有幾次，我爸曾經問我媽，要是他求婚，我媽願不願意嫁給他。我媽總是說願意，但是我爸卻從來沒求婚過。他告訴我媽，他對結婚沒興趣，因為他從來沒看過幸福的婚姻，成長過程中沒有，他自己結婚的那幾個月也沒有。不過現在既然牧師建議他必須結婚，他考慮之後終於同意結婚。

牧師送我爸媽一本聖經，他雖然告訴他們必須改變，但卻完全沒有實際幫助他們改變。因此，他們離開教堂時，不禁問自己：「我們該怎麼改變啊？」

改過遷善

牧師送我爸媽的那本聖經是英王欽定版。讀書對我爸而言本來就是件難事，讀聖經更是難上加難，於是我媽只好唸給我爸聽。他們還是會談論教會的事，我媽提到，她的同事一直跟她聊耶穌，而且說不管我爸媽的穿著打扮如何，他們的教會都歡迎。於是我爸就答應去看看。

他們打算在新年的第一個星期日晚上，也就是一九七七年一月二日，前往神召會（Assemblies of God）教堂。我爸那天早上去幫一個朋友搬家，結果下午就和那個朋友跑出去鬼混。

我媽準備前往教堂之際，接到我爸的電話。「你在哪？」她問我爸。

「我在一家墨西哥餐廳。」

我媽馬上就知道他在當地唯一有在星期日賣啤酒的那家餐廳。「你有喝酒嗎？」

「噢，一點點而已。」

我爸回家來載我媽去教堂，他和他的朋友大笑談論他們在餐廳打破了燈。這表示他們不只喝「一點點而已」。我媽哭了起來。從他們在阿眉的教堂祈禱的那個夜晚起，他們就都沒吸過毒或喝過酒，就連除夕也沒有。「我死都不會跟你們去教堂。」她告訴我爸。

那天晚上，四月交由我外婆照顧，我媽看到我爸和他的朋友爛醉如泥，立刻獨自前往教堂。

因為當時是星期日晚上，去教堂的只有大約三百人，不像星期日早上的禮拜儀式那麼多人。教堂後側有大約八排折疊椅被繩索圍起來，強迫大家坐靠近前側。我媽到最後一排可以坐的空椅，獨自坐在中央。禮拜儀式開始不久後，她就聽到後頭傳來騷動。她轉過頭去，看見我爸和他的朋友踉蹌走進後門。

我媽的第一個反應是想辦法躲起來。她把頭轉回去，面向前方，在座位上壓低身子，希望隱身於人群中。結果沒用。我爸和他的朋友終究還是發現了我媽，開始走向她。不過我爸不是沿著中央走道靜悄悄走到我媽坐的那一排座椅，而是走距離最短的路徑，直接跨過被繩子圍起來的那幾排座椅！

我媽繼續看著前方，不過所有人都轉頭注視著那兩個醉漢跳過椅子，我爸和他的朋友一屁股坐到我媽旁邊，我媽尷尬萬分，我爸的朋友開始喋喋不休講個不停。

一名教會人員前來平息騷動，請我爸的朋友去他旁邊坐，我爸的酒友乖乖答應。在教堂的最前面，牧師宣講著如何擺脫毒品和酒精，講道過程中，我爸的朋友數度離開座位，跑去跟我爸說：「嘿，大熊，這傢伙可真會講啊！」說完馬上又跑回教會人員旁邊的座位。

牧師講道時，我媽注意到淚水從我爸的眼中滑落，牧師的話徹底打動了我爸，講道過程中，我爸從頭哭到尾。

牧師結束講道之後，詢問有沒有人要上去聖壇歸向耶穌。我爸的朋友二話不說就走上前，我爸媽則猶豫不決，兩人心裡都在想：「這件事我們不是已經做過了嗎？」一名青年牧師走過來邀他們到前面，希望他們能夠響應主任牧師的號召，於是他們站起身，也沿著走道走到前面。會眾聚集，圍繞著在聖壇上的他們三個人，為他們禱告。他們全都哭了，我媽當時只是感到寬慰，希望他們兩個人會改變。我爸立刻擺脫毒品和酒精，腦袋清醒地走出那間教堂。

我爸媽後來才知道，酒鬼和嬉皮是那位牧師最不喜歡的人，不過那天晚上他仍舊歡迎我爸和他的朋友進入教堂。教會成員一直在祈禱教會能夠復興，那天晚上終於發生了，在那麼多人之中，有兩個爛醉的嬉皮竟然歸向基督。上帝行事果真神祕莫測！

結果這讓那位牧師獲得許多機會分享他的「有救無類」，敦促基督的子民救助上帝引導到他們道路上的每個人。

那間教堂的成員並不在意外在打扮，反而鼓勵我爸媽鑽研聖經，並且跟其他信徒交流。他們給我爸媽一本《活潑真道》（*The Living Bible*）帶回家，建議他們從〈約翰福音〉（若望福音）[2]開始讀。約翰描述耶穌透過死而復生，展現對世人的愛，深深感動了我媽的心。她這才恍然大悟，發現自己跟我爸一樣，也是需要救贖的罪人。有一天晚上，她坐在她最喜歡的那張客廳椅子上，說：「主啊，對不起。」那一刻改變了她的人生。她請求耶穌進入她的心裡，祈求說：「我哪裡都願意去，什麼事都願意做，任憑祢差遣，我是祢的僕人。」

這相當符合我媽的個性，她跟我爸個性迥異。我爸在情緒激動的眾目睽睽之下歸向基督，我媽則是在安靜的私密時刻；不過他們的決定都立即產生了相同的影響：徹底改變人生。一九七七年一月二十二日，在同樣那間神召會的教堂，他們結婚了。從那天起，他們就把聖經奉為圭臬，全力維繫與上帝的關係，謹從祂的諄諄教導，打造未來教養我的信仰基礎。

我在差不多一年後出生，一九七八年一月十二日。八年後，四月和我多了弟弟雅列。再過兩年，約書亞出生。約書亞出生時就罹患唐氏症，他是個福星，讓我們家在許多方面變得美滿。

我爸媽決定成為基督徒之後，我們一家人當然沒有因此就生活一帆風順，其實恰好相反，我們遭遇了許多風風雨雨，而且不是每個小孩都乖乖走爸媽要我們走的路。

不過在人生旅途中，我們每每遇到問題，總是知道要到哪裡尋求解答：上帝的話語和彼此。我們坎普家的小孩一直到長大成家都是如此，始終不變。我們一家人發生過許多令人難以置信的故事，證明了上帝的慈愛與寬恕。

在家自學

我爸高中輟學之前，就很難專注讀書，大概是因為嗑藥和酗酒吧。然而，我記得成長過程中，我爸經常讀聖經。他說因為求學時書讀不好，所以在成為基督徒之前，他很討

2 本書中出現的聖經相關名詞，例如章節名、人名等，在全書首次出現時，以基督新教、天主教通用譯名對照的方式呈現，以便雙方讀者閱讀。

厭讀書。不過他非常喜歡花時間研讀上帝的話語。其實，我們曾經短暫住在密蘇里州的春田，好讓我爸能就讀中央聖經學院（Central Bible College），準備全職投入事工。

我記得我們家總是積極參與教會活動，每次教堂門沒鎖，我們一家人就一定在裡頭。我爸媽都會參加與帶領聖經研讀會。我們會邀請朋友到家裡，我爸就在客廳彈吉他，帶領敬拜。我爸媽逢人就分享信仰，告訴大家上帝如何徹底改變他們的生活。

我爸媽留在我心裡的印象是他們很真誠，他們在家裡跟在教堂裡都是一樣的，他們不會去教堂高舉雙手敬拜，像基督徒一樣說話慈善，回到家之後言行舉止就變了樣。他們不會人前人後兩種樣，他們生性真誠，是性情中人。上帝徹底改變了他們的心靈，這反映在生活中的各個方面。我在成長過程中從不厭煩基督教，即使在誤入歧途的那幾年也不會，我想就是因為我爸媽始終如一地過著基督徒的生活。

「擁有牧者之心」這句話是我爸的完美寫照。他擅於傾聽，真心關懷別人。我記得經常有人坐在我家客廳，對我爸掏心掏肺，他坐著聽，不只是聽，而是聽得很專注。他善與人交，大家顯然也喜愛與他為友。

我爸也很愛搞笑。成為基督徒之後，他仍舊喜歡玩樂，只不過是不一樣的樂子。我們經常去露營，沒錯，我們一家人就愛露營，我爸老愛在營火旁自編自唱搞笑的歌曲。為了讓全家人同樂，他會逗我們一起唱他即興創作的愚蠢歌詞。有一次我們全家去溜冰，他穿著連身工作褲，外頭又搭一件運動短褲，故意打扮得蠢模蠢樣，想讓我們出糗。

我媽比較拘謹正經，情緒不形於色（除非是看到主題神蹟），個性一絲不苟。我以前總覺得她化妝都化好久，她寫字好像也很慢，但是字跡工整無比。

她總是把屋子打掃得乾乾淨淨，整理得整整齊齊，因為她和我爸一樣，喜歡呼朋引伴到家裡，帶大家研讀聖經與禱告。我媽禱告得很認真，我記得很多次我走進房間裡，都撞見她跪在地上低頭禱告。

我爸媽是截然相反的兩種人，但卻互相吸引，透過基督，他們相反的特質反而能互相彌補。我爸生性隨性，如果他覺得上帝要他做什麼事，他馬上就會去做。我媽則會說：「我們得先確定清楚，咱們再祈禱一下吧。」我的個性跟我爸比較像，不過我從我媽身上學到嚴守紀律與保持穩定對基督徒的生活有多麼重要。

我們小孩子遇到問題的時候，爸媽不只會用自己的話和建議來鼓勵我們，還會用聖經裡的話和智慧為我們解惑。禱告時間在我們家是最重要的，因為我們凡事都要禱告。我們經常全家一起禱告，當我們有所需，不論是個人或全家，我們就會祈求神幫忙。我們需要的東西可多了。

第2章 心靈的拔河

我們家不只是窮，是超級窮。

我爸成為基督徒之前，酗酒又吸毒，無法保住穩定的工作。我爸媽獲得救贖之後，優先要務變成事奉上帝，以及為家庭奠定基礎。我爸沒有出色的教育背景，他能找到的好差事就是到工廠做工，工時經常很長，而且星期日必須上班。於是他寧可選擇建築類的工作，這樣他才能有多一點時間跟家人相處，以及跟其他教友交流。不過這類工作經常會被解僱，尤其是在冬季。

我說的可是一點都不誇張喔，有時候，家裡的櫥櫃空無一物，我們知道得等到爸爸下次領薪水，櫥櫃裡才會有食物。我們全家會一起禱告食物趕快出現，我記得有幾天晚上我們禱告，隔天早上前梯就出現一袋糧食。據我所知，我爸媽沒有跟任何人說我們沒有食物了。不過上帝知道，祂會告訴別人我們需要糧食。有許多次，我們實在不知道是誰送食物給我們，但是我們總是知道那是上帝賜予的。

我家水電曾經被切斷過幾次，因為繳不出費用。斷電了，我們就點蠟燭和油燈，直到收到下一筆薪水救急。

我們住過一棟房子，必須用地下室的一座燒木火爐供熱。我很怕那個地下室，覺得像地洞。我爸出門工作之後，我就是家裡年紀最大的男性，但是我卻怕得不敢下去地下室點火爐。我媽也不喜歡去地下室。我在樓上的臥室讀書時，就算很冷，我也寧願包著毯子，打死不去地下室開火爐。

我家的水是用打水泵供輸的，沒電就沒辦法沖馬桶，因此每當沒電的時候，我們就得去挖一桶雪，倒進馬桶水箱才能沖水。我記得，有時候廁紙用完了，剛好沒錢買，或必須把僅剩的微薄積蓄拿去買更重要的必需品，爸媽就會教我們用報紙代替廁紙，把報紙撕成廁紙的大小，互相摩擦，讓紙質變軟，擦屁股才不會粗糙。

有時候我們得湊錢給爸爸買汽油，他才能開車去上班。四月和我會把我們存下來的零錢全都交給爸爸。我們把所有零錢倒到一塊，在桌上數完後告訴爸爸：「爸，這裡有三塊五毛呦。」

我們的生活並不是一直都那樣，不過發生的次數倒是挺多的，所以那些日子我一直記得，可說是歷歷在目。

我們用過很多別人用過的東西，不過爸媽總是全力讓我們衣食無缺，如果我們有人需要一條牛仔褲或一雙鞋，我們就能得到。如果手頭稍微寬鬆，偶爾我們會到麥當勞之類的地方用餐，到外面吃東西，哪怕只是速食，都是美味的佳餚。

從這次領薪水到下次領薪水，我爸媽一直都靠著信仰度日。每當遭遇困境，我知道爸媽承受巨大的壓力，我總會密切觀察他們，十分驚奇他們的信仰竟然如此堅定。我記得，有時候遇到大難關，爸爸會拿出吉他，帶領全家一起敬拜。儘管面對困境，他還是會歡欣鼓舞地彈奏唱歌。對我爸媽而言，上帝時時刻刻都是美好的。

我需要爸媽的模範作為榜樣。上小學之後，跟同年紀的小孩相比，我才漸漸發現我們的家境有多貧苦，明白這點之後，我開始覺得家境貧窮好丟臉。

我們的學校有參加政府推動的計畫，提供免費午餐給低收入戶的學生，看到我的名字被列在免費午餐的名單上，我覺得格外丟臉。我應該沒記錯，在七年級的時候，我覺得好丟臉，於是求爸媽給我錢，好讓別人看見我買午餐，不想再吃免錢的午餐。

有一次，我在同一個星期穿同一件襯衫兩次，被另一名同學指出來，害我覺得好丟臉，好想躲起來。不過我從來沒有埋怨過家境貧窮，因為我知道爸媽辛苦工作，拼命賺錢養我們。

無庸置疑，爸媽深信上帝會為我們提供所需。每次上帝為我們供應所需，不論是用什麼方法，爸媽一定會讓我們這些孩子知道是上帝供應的。

包括那幾輛福特斑馬汽車。

施與受

別人送過我們很多禮物，其中一樣是汽車，這些車子很有意思。有些人慷慨善良，送我們車子，不過，那些車子都沒辦法開很多年。我們把每一輛車開到壽終正寢之後，上帝就會透過心電感應，再請別人給我們另一輛。

每次收到車，我們都心存感激。曾經有一輛車，是破舊不堪的福特橘色小斑馬，有一天，我媽開它去載四月和兩個跟她去參加女童軍聚會的朋友。我媽開車回家途中，從後照鏡看見四月的一個朋友睜大眼睛打量車子裡頭有趣的地方。

「阿姨，你們怎麼會有這輛車？」四月的朋友問。

「噢，這是一個朋友送我們的。」我媽回答。

那個女孩繼續端詳一會兒後，又小聲對我媽說：「嗯，這朋友真是好人。」

我媽格格笑起來，繼續開那輛免費的斑馬行駛於路上。

我還記得另一輛車，也是橘色的斑馬，我媽都開那輛車到教堂載我。我上車後，往下看可以看到腳下的路面，副駕駛座那邊的地板嚴重鏽蝕，破了許多大洞。

我關上車門後，注意到有一條帶子垂在門上。「這條帶子是幹嘛用的？」我問。

「繫好安全帶，然後拉緊那條帶子。」我媽告訴我，「不然車子過彎的時候，車門會甩開喔。」

那次我乖乖聽我媽的話，緊緊抓住那條帶子一直到家。上國中之後，參加運動讓我變成班上的風雲人物，名氣甚至大到產生負面影響，不過這點稍後再談吧。

有一天放學後，我在等我爸來載我，一邊跟女朋友聊天。其實用女朋友這個詞來形容我們的關係太過強烈了。我們雖然在「交往」（各位應該知道「交往」的意思吧），但是我們從來沒有出去約會過。不過當時我們似乎很認真在交往。她不只是我的女朋友，也是啦啦隊員。當時我是萬人迷的橄欖球隊員，跟啦啦隊女友講話的時候，還故意耍酷。忽然間，我聽到一輛車子發出很大的聲音，開進停車場。

周遭的人跟我一樣，都轉過頭去看，結果我看見我爸把另一輛斑馬停好，這輛是紅色的，也是別人送我們的。車子的消音器掉了，所以停到學校的時候總是引人側目。

那輛斑馬生鏽破爛，我覺得我走過去的時候，學校外面的人全都盯著我看。我抓住副駕駛座那邊的門把拉了一下，卻拉不動。我又用力拉了一下，故意裝得若無其事，結果門把還是動也不動。最後我只能從窗戶爬到座位上。相信我，那樣做，根本不可能不引人注目，特別因為我是學校裡的風雲運動員。我經常碰到讓我覺得丟臉的事，但是我不埋怨家境貧窮。我當然希望我們能有好一點的車子，希望我們不用去二手商店買衣服，不過我爸媽的態度讓我毫無怨懟。

他們從始至終都辛勤工作，教導我們要相信上帝，相信祂會為我們供應所需。祂真的無數次為我們供應所需。

很多東西我們想要，卻無法得到，但這樣反而讓我們學會，獲得想要的東西時，就要懂得珍惜。

聖誕節在我們家是大日子，每年聖誕夜我總是輾轉難眠，一定會在半夜三點左右就醒來，問爸媽：「我們可以起床了嗎？可以了嗎？」但是他們會叫我回去睡覺，我得等到比較正常的時間才能起床，看看我們得到什麼禮物。

我爸媽也是興奮期待聖誕節的到來，因為他們省吃儉用把錢存下來，買禮物送給我們，好讓我們全部都能擁有難忘的聖誕節早晨。

我清楚記得收過一份禮物，可以證明我們學會把同年齡孩子不屑一顧的小禮物視為珍寶。我在成長過程中熱愛運動，有一年聖誕節，我收到一個耐吉運動行李袋，可以收納全部的運動裝備。我欣喜若狂，一有機會，就把裝備塞到那個袋子裡，背著走來走去。

收到那個實用的袋子雖然開心，但是更重要的是，我知道爸媽拼命打零工，存錢買我其實不需要的禮物送我。

我希望我的孩子跟我小時候一樣，懂得感恩惜福。雖然我的經濟狀況跟爸媽的不一樣，我妻子和我都希望我們的孩子能夠徹底領悟，他們在聖誕節早晨收到的禮物是上帝賜予的。大概資源比較少的家庭，就像我小時候的家庭，比較容易學到這一課。

儘管我爸媽沒有很多物質資源，卻仍舊樂於施與，他們樂於把時間和關懷給別人，人們經常忽略提供這兩樣資源。

我爸媽不只參加聖經研讀和教會團體，還幫忙照顧問題少年。

我六歲的時候，他們開始跟一個少年之家合作，為遭遇困境的十幾歲少年提供一個家。一次有多達八個男孩跟我們一起住，有些孩子來自非常艱苦的成長背景。

原本少年之家告訴我爸媽，可以跟少年分享基督，不過先決條件是少年主動詢問才可以。然而，當我爸媽跟那些表示有興趣的男孩分享福音時，少年之家卻反對。

因此，差不多一年之後，我爸媽就不參加那項計畫。我爸到一個男童之家工作，擔任兒童照護員，所以我爸媽不斷帶需要幫助的男童回家，甚至還有幾個成年人，我記得有個坐輪椅的老婦人跟我們住了一陣子。我還記得，有個訓導員經常打電話給我爸媽，問我們能不能再收留一個問題少年。我們的牧師也會找我爸媽，請他們收留無家可歸的人。

有幾次，我也找了幾個孩子來參加坎普家的計畫，他們並非我的親密朋友，但是我知道他們家境困難，我請求爸媽讓他們暫時跟我們一起住。

「如果你不介意跟他們擠同一間房就可以啊。」爸媽告訴我。

我當然不介意，他們的父母也答應讓他們暫時跟我們同住，讓我有了新室友。

我爸媽樂於幫助有困難的人，尤其是青少年，想要為他們提供他們大多欠缺的安穩家庭環境。

不過，上帝總是會為我們供應所需。

有個名叫阿塔的十幾歲少年跟我們同住，他塊頭很大，很會吃。有一天他打開冰箱，發現架上的食物所剩不多。

「德麗阿姨，」他問我媽，「我們晚餐要吃什麼呢？」

「別擔心。」我媽告訴他，「冰箱裡的食物多的是，只是你看不見而已。」

阿塔聽得一頭霧水，看了她一眼，然後關上冰箱的門。

快到晚餐時間時，我媽搜遍冰箱和櫥櫃，湊出晚餐。阿塔來到廚房，看到餐桌上擺滿琳瑯滿目的菜餚，不禁目瞪口呆。阿塔盡情大快朵頤，離開餐桌時，心裡驚奇那些看似所剩無幾的食物，竟然能煮出那麼豐盛的大餐。

不論我們家對上帝供應需求多麼司空見慣，每次神蹟發生，我們還是都會有點驚奇。我們真的明白，上帝總是會為我們供給所需。

內心交戰

有一次，有人送我們一台裝滿肝臟的冰箱，我媽很喜歡說這個故事。那一陣子我們吃了很多肝臟，我媽記得當時她禱告說：「噢，主呀，希望我們能吃點不一樣的東西。」

那次禱告不久之後，她在〈申命記〉裡讀到，摩西（梅瑟）提醒以色列人，主在曠野中為他們供應食物，以色列人卻埋怨主一直給他們吃嗎哪，他們已經厭倦一直吃同樣的東西。

我媽讀那段經文的時候，認為主是在提醒她：我在為你們供應所需。我這樣做，是在考驗你們，了解你們心裡的想法，讓你們變得謙卑。這樣你們到了豐饒之地，就不會忘記我。

我媽這才頓然醒悟，是上帝在為我們供應所需，而且我們的需求，一般美國人根本不會認為是需求。我媽的成長環境從來就不虞匱乏，她家豐衣足食，能開心度假，住舒適的飯店，跟我們的成長過程截然不同。

不過我媽從變成基督徒的那一天起，每當遭遇困境，腦海裡就會出現這個問題：當傳教士是過什麼樣的生活呢？她會想到傳教士，是因為有些傳教士為了向還沒得救的人宣揚福音，選擇在困苦的條件中生活。她選擇用「想想傳教士」的心態去看待周遭環境。一直到今日，每當她聽到有人訴說自己的處境有多艱困，她就會舉起手指比出引號，說：「想想傳教士吧。」

雖然有形形色色的人進進出出我們家，但是我爸媽還是會細心呵護我們，因為我們是他們的孩子，需要父母的關愛。我記得，我從來不覺得其他孩子搶走了我在家裡應該獲得的東西。現在回過頭來看，我才明白，跟來自艱困成長環境的孩子住在一起，讓我懂得珍惜父母在家給我的時間與關懷，不會去在乎我所沒有的物質。

然而，成長過程中，面對某些情況，我還是做了錯誤的決定。

我在四、五歲的時候歸向耶穌，後來變成喜歡上教堂的乖寶寶。不過從國中一直到高中那幾年，我第一次開始背離正軌。

我在運動場上表現出類拔群，熱衷健身，體魄強健。到了可以參加運動校隊的年紀，尤其是橄欖球，我的運動天賦讓我成為校園裡的風雲人物。

我開始想方設法要證明我可以為所欲為，我真的不認為我是叛逆，因為我不知道我有想要忤逆誰，我不氣爸媽，我不氣教會。就算我們很窮，我也不氣某些人所稱的「制度」。不過，我在貧窮的環境中成長，後來卻成為了有名氣的學校運動員，這讓我想要測試我可以達到什麼極限。我想，我在家沒有享受到朋友們可以享受到的某些喜悅，那現在我要享受一些樂子。若真要說個原因的話，我其實很沒有安全感，想要被接納。

於是我內心陷入拔河，我知道什麼是對的，在家和教會，爸媽都給我正面的影響。但是同時，我也渴望成為風雲人物，導致我背道而行。

為了滿足「耍酷」的慾望，我開始飲酒作樂，喝了酒，膽子就壯了，好幾次都差點跟人大打出手。因為我身強體壯，體格在班上數一數二，根本沒人敢跟我打，所以我大多只要逞逞威風、虛張聲勢，就知道我八成不用真的動手。不過，就算有人膽敢挑戰我，我也不會放在心上。

我會用我的地位和力量去保護被欺負的人，我其實沒興趣博取那些風雲學生的接納，我不是頭號風雲人物，也無意爭奪那個名號。然而，我確實是跟受歡迎的那一群人攪和在一塊。不過因為在那之前，我的大半人生都是人生失敗組，所以我總是會特別留意，一找到機會就保護比較窮或不受歡迎的孩子，阻止別人嘲弄他們。一旦看見人生失敗組的人被欺負，我會挺身制止惡霸，惡霸通常會乖乖聽話，不用我動手。雖然我做的事不總是對的，但是我內心仍舊熱愛伸張正義。

我沒有背棄上帝，我仍舊會去教堂，做「教會工作」。我很佩服爸媽的一項優點，他們刻意讓自己在教會外的言行舉止和在教會裡一致。

我沒有變得是非不分，我知道真理。如果要去參加派對，我喜歡在去之前先小酌一下，好讓自己在派對中狂歡時，對罪惡感能夠稍微麻木一點。

在教堂裡，我會對自己做的錯誤決定感到罪惡。我會告訴上帝，說我感到歉疚，說我要改過遷善。不過隔天早上去學校，我馬上又重蹈覆轍，幹起跟別人一樣的錯事。我想要做對的事，但是同時又無法抗拒去做那些我很清楚是錯誤的事情。

保羅（保祿）在〈羅馬書〉第7章第21到25節有敘述這樣的心靈爭戰：

當我願意行善的時候，邪惡老是糾纏著我。我的內心原喜愛上帝的法則，我的身體卻受另一個法則的驅使。這法則跟我內心所喜愛的法則交戰，使我不能脫離那束縛我的罪的法則；這法則在我身體裏作祟。

我真苦啊！誰能救我脫離這使我死亡的身體呢？感謝上帝，藉著我們的主耶穌基督，他能夠救我。

我發現自己尋歡作樂的時候，根本無法盡興，因為我心裡清楚，那樣玩樂是違背上帝旨意的。我後來開竅了，順從上帝的旨意享樂時，心裡會平和許多。

第3章

獲得自由

我爸有把吉他，在家裡進行家庭敬拜和靈修的時候他會彈，而且他經常在教會帶領敬拜。雖然他的吉他通常放在家裡顯眼的地方，我卻從來不覺得好奇或想要彈彈看，因為運動（尤其是橄欖球）才是我的主要興趣。

不過，十四歲的時候，有一天我問爸爸能不能教我彈幾個和弦。他幫我把左手指放在吉他指板上的正確位置，我用右手拇指滑過琴弦，那個和弦的聲音聽起來悅耳極了，好像一首完整的傑作。

「好好聽啊！」我告訴爸爸。

這很難解釋，我覺得把手指放在吉他上面好自然。我爸把他自學的功夫全都傳授給我，我很快就開始學習基本彈奏技巧。吉他並沒有因此取代運動，但是我真的很喜歡學習彈奏歌曲。

我能夠聽音辨弦，聽了歌，就能判斷要用什麼和弦來彈奏，不用看樂譜，於是我開始彈奏我聽到的歌曲，搖滾風格的歌曲是我的最愛。

爸媽不准我們在家聽流行音樂，不過爸媽出門時，我會打開收音機，收聽經典搖滾樂或四十大金曲排行榜的節目。有一次，我出門後換上搖滾歌手藍尼．克羅維茲（Lenny Kravitz）的T恤，結果惹上了麻煩。回家前，我換掉那件T恤，不過我媽還是發現了，衝著我發飆。

「你怎麼可以穿那種衣服？」她想知道原因。我開始彈奏我在收音機聽到的流行歌手的歌曲，像是珍珠果醬（Pearl Jam）、史密斯飛船（Aerosmith）和清水合唱團（Creedence Clearwater Revival）。我爸媽在家的時候，我都聽基督徒的音樂，因此我也學習麥倫心碎合唱團（Mylon LeFevre & Broken Heart）、狄嘉默之鑰合唱團（DeGarmo & Key）和復興合唱團（Resurrection Band）的歌曲。

在我們一家人齊聚的時光中，音樂扮演著重要的角色，我們一家人不只會在家一起敬拜和播放福音歌手的唱片，還會參加大型基督教音樂慶典，像是在肯塔基州的「基督魚音樂祭」（Ichthus）以及在伊利諾州的「基石音樂祭」（Cornerstone）。我記得有一次參加基石音樂祭時，心裡想著：「要是有一天能在那個舞台上唱歌，肯定很酷。」當然，我在電視上觀看大學或職業橄欖球比賽時，心裡也會想：「要是有一天能夠在那片球場上打球，肯定很酷。」

隨著學習歌曲的音樂元素愈來愈得心應手，我開始注意到，有些歌曲的歌詞似乎是在訴說作曲人的人生故事，我這才發現，原來音樂可以讓創作者抒發感情和情緒，於是我開始注意自己彈奏時的情緒波動。

在一次明知故犯的心靈爭戰中，我第一次把心境寫到自己創作的歌曲中。歌詞一開始寫說我看著鏡子，看見一個人，他的人生徹底走樣，完全陷入絕望，於是向主祈求：「請祢幫我擺脫罪惡的束縛。」有一句歌詞描述我當時的人生：「每當我接近祢，就又回到罪惡。」我把這首歌取名為〈讓我自由〉（Set Me Free）。我第一次演唱這首歌是給爸媽聽，寫完馬上就唱給爸媽聽，他們聽完之後仔細讀過歌詞。

在那之前，我都瞞著爸媽尋歡作樂和喝酒。有一次，我跟一個朋友出去喝酒，朋友狂喝暢飲，完全沒辦法開車，我自己也不是完全清醒，而且年紀太小，沒有駕照，不過還是開了十五分鐘的車回到我家。我們走進家門之後，我告訴爸媽：「我們好累。我們去樓上睡覺囉。」

要是可以重新來過，那天晚上我不會開車回家，我當時應該打電話叫爸媽來載我們，要是當時被警察抓到我們酒駕又無照駕駛，後果肯定不堪設想。我爸媽後來告訴我，他們早就知道我在那段期間誤入歧途，不過他們不曉得我有多荒唐，因為我小心隱瞞，不讓他們發現。

我不是要忤逆他們，我只是做自己想做的事。如果我是故意要忤逆爸媽，我至少會讓他們知道一些我幹的荒唐事；不過我無意忤逆爸媽，因為我完全不想傷害他們，我不想要讓爸媽失望難過。

我爸媽讀〈讓我自由〉的歌詞時，表情變得嚴肅。

「這歌詞很沉重。」我爸說，「你還好吧？」

他們發現歌詞講的是我了！我立刻驚覺，然後趕緊掩飾。

「我寫那首歌的時候，心裡想的是四月。」我說。

我姊當時也在做自己想做的事，她比我還要荒唐，有一陣子甚至還吸毒。再說，爸媽對她的荒唐行徑比對我的更加了解。「好吧。」我爸媽說。我暗地裡鬆了一口氣，慶幸事蹟沒有敗露，躲過一劫。

不過我躲不了我第一首歌的旨意。

按下重新設定鈕

在拉法葉的麥卡琴高中，高二結束的那個夏天，我去加州參加為期一週的夏令營。我十四歲的時候，我爸在拉法葉創立了豐收堂（Harvest Chapel），豐收堂隸屬於各各他浸信會（Calvary Chapel），它在一九六五年創始於加州的柯斯塔梅沙（Costa Mesa），主任牧師是查克．史密斯（Chuck Smith）。

我爸的豐收堂是新開設的，規模小，還沒有青少年團契，我只好加入夸福茲村的各各他浸信會青年團契，距離拉法葉大約三十英里。各各他浸信會聯會在加州舉辦青少年夏令營，吸引來自全美各地十幾歲青少年參加，我所屬的青少年團契也去參加。我們舉辦募款活動籌措旅費，還有人資助我，幫我支付其餘的費用。

當時年少愛玩，到加州參加夏令營，我期待的是交朋友，不是修養心靈。

加州？我當時心想：「酷斃了！肯定很好玩！我要去！」

我跟我爸一樣外向，我一下子就結交了新朋友，認識了來自不同州的人，有些人甚至從賓州開車到加州，橫越了整個美國。

然而，沒過多久，我在夏令營就不再忙著交朋友，回歸修養心靈。

在夏令營的第一個夜間禮拜，我環顧四周，看見大家都高舉雙手敬拜上帝。我看過成年人（例如我爸媽）用那種方式讚美耶穌，但是很少看到跟我同年紀的人那樣做。我這才明白，我處在一群真心敬愛耶穌、跟祂有著堅定關係的十幾歲青少年當中。我暗自承認，他們擁有的事物，我並沒有。

我都在幹嘛？我問自己：我都錯過了什麼？

一股羞愧感襲上心頭，我想起了一切我明知故犯的錯事，在一生的善惡拔河中，我覺得這次把我拉向上帝那邊的力道是最強大的。我想要感受周遭的人明顯感受到的感動。

專題講師是強·寇森（Jon Courson），他現在是奧勒岡州蘋果門基督教會（Applegate Christian Fellowship）的牧師，是知名的聖經講師。在第一天的那個晚上，他說他要講解

〈啟示錄〉。當然，聽到佈道內容是〈啟示錄〉，聽眾可能會馬上覺得有點可怕，不過寇森講述的是「全心全力奉獻上帝」，他講得一點都不可怕，而且充滿上帝的慈愛與寬恕。聽在我耳裡，他的話不像是在訓斥我說「你是壞人」，反而像是在鼓勵我，說「上帝對你寄予厚望」。

我一邊聽著，一邊想像自己走到了人生的懸崖，我有兩個選擇：我可以繼續叛逆，再往前走一步，摔落懸崖；或者接受真理，相信上帝愛我、對我有特別的計畫，把我的心交付給祂。

我覺得好像是上帝把這些話放進我的心裡：*我要用你，但你卻搖搖欲墜。你得趕緊逃跑，逃離世俗的誘惑，逃回我身邊。我就在這裡等你。*

那天晚上，我重新把生命託付給上帝，全心全力追隨祂，不再裝酷耍帥、追逐名氣，我不要再追求世俗娛樂了，那些世俗娛樂根本不像我以為的那麼好。

那場禮拜儀式結束之後，我打電話給爸媽，把我的決定告訴他們。「我的眼睛睜開了。」我告訴他們，「我要事奉祂。」

那天晚上我興奮到睡不著，躺在宿舍寢室的雙層床上，回想自己的人生。直到那天晚上，我才明白自己的肩上扛著多重的擔子，不過突然之間，重擔消失了，那種感覺就像跑完步，雖然體力透支，但卻神清氣爽，活力大增。我感覺這場拔河終於結束了，我完全站在真理這一邊，不再跟我所知道的正道拉扯。

我覺得好自由，不再受到罪惡束縛。人陷入罪惡的時候，會誤以為罪惡就是自由，因為我們可以為所欲為。不過我們錯了，儘管那種生活乍看之下好像自由，但是其實根本不是，那是束縛，是罪惡的束縛。

我們通常看得出來一個人有沒有酗酒和吸毒，因為他們的身體和臉上會顯露證據，他們看起來一點都不祥和。罪惡會讓我們背負重擔，那天晚上我才終於明白自己背負著多重的擔子。我覺得自己又變「健康」了。

隔天晚上讚美和敬拜上帝的時候，我跟其他人一樣高舉雙手，我感受到他們所擁有的感動了，我幡然醒悟，我以前錯過了一種值得全心追求的感動。

那個星期接下來的聖經研讀和禮拜儀式變得趣味橫生，寇森繼續講解〈啟示錄〉，強調教會有可能會背離上帝的旨意，基督徒必須淨化自己的一切言行與動機。聽著他反覆強調，我心裡想：「噢，他說的就是我。你是針對我說的嗎？」

我們讀到一段經文在談論老底嘉（勞狄刻雅）教會，老底嘉教會是〈啟示錄〉第2章提到的七個教會之一，對信仰變得不冷不熱。老底嘉教會當時也陷入靈性的爭戰，想要奉行上帝的旨意，卻也渴望追求世俗的娛樂。結果，老底嘉教會卡在兩邊中間，生活方式惹得主十分厭惡，於是在〈啟示錄〉第3章第16節說這些話：「你既如溫水，也不冷也不熱，所以我必從我口中把你吐出去。」

聖經裡的這句話寫得不是很文雅，但是，不很冷也不很熱的老底嘉教會確實變得毫無作用，對神的國毫無用處。聽到主把不冷不熱的老底嘉吐出來這一段，我專心聆聽，因為過去幾年，我對祂也都是不冷不熱，我對祂的國也是毫無用處。

這節經文聽起來就像對我的當頭棒喝，但是這番訓誡說得充滿關愛。沒錯，我屢屢犯錯，我很清楚，而且明知故犯。但是傳達這番訓示的語調讓我了解到上帝有多愛我。祂之所以告誡我，是因為祂愛我，因為祂希望我能獲得最好的，同時，我也明白祂希望我全力奉獻。

突然之間，我覺得之前所追求的一切都好空洞，彷彿有人為我按下了巨大的人生重新設定鈕，於是我展開了全新的生活方式。

在夏令營的剩餘時間，我跟別人聊天時不再圍繞我們從哪個州來打轉，我更關心的是我們對神的信仰。我記得跟青少年團契的一位朋友聊天時，我們說回家之後要成為團契裡的模範，作為別人的榜樣。

「咱們要成為表率。」我們說，「咱們要事奉主。」

第4章 上帝的召喚

我從夏令營回家之後脫胎換骨，向爸媽坦承玩樂喝酒的事。就在前往夏令營之前，我一位好朋友被他爸逮到行李裡頭藏酒，我爸媽得知之後，懷疑我也有喝酒，不過因為我趕著要去夏令營，所以他們當時沒機會當面問我。

「我們懷疑你染上了那種惡習。」我回家之後爸媽告訴我，「不過我們很高興主幫你洗心革面了。」

我在夏令營決定重新全力事奉主之後，便全心渴望追隨祂，儘管如此，革除惡習仍舊是場硬仗。

我開始認真鑽研聖經，以前我總是無法理解神的話語，現在終於讀通了個中道理。現在研讀聖經時，心裡總是感受到一股自由，不禁覺得以前讀聖經好像都是眼睛矇著一層紗在讀似的。掀開那層紗之後，經文彷彿動了起來，從書頁上蹦進我心裡。

儘管決意要洗心革面，但是我知道，要徹底革除陋習，勢必得經過一番掙扎。

隨著夏季接近尾聲，我漸漸感到焦慮不安，擔心要回到我就讀的麥卡琴高中，因為我在學校裡已經變成愛跑派對的風雲人物了。回到學校跟老朋友廝混，就會想要回到尋歡作樂的生活。我感覺到上帝告訴我：「你還沒準備好。」我已經改變了，現在的我敢大膽真誠地分享耶穌基督是我的救主，不過當時的我還只是個十幾歲的青少年，非常沒有安全感，很容易受到影響而動搖。

我參加的青少年團契是夸福茲村教會的，那個教會經營一所很小的學校，瑪瑞內莎基督學校（Maranatha Christian School），我覺得那裡可以作為避難所，在這個階段保護我重新走入基督。當然，讀私立學校費用昂貴，雖然我家的家境改善了，但是爸媽還是告訴我，他們願意犧牲一切送我去讀瑪瑞內莎，但問題是他們實在無能為力。

於是我打電話到那所學校，詢問是否能讓我半工半讀支付學費。「我可以當清潔工，或是你們需要我做什麼其他的工作，我都能做。」我主動請求校方。校方人員最後答應了。

另一個難題是我要怎麼去上學，我家沒有多的車可以讓我開去夸福茲村。幸好，有一位牧師長時間待在烏克蘭，他有一輛車，只有夏天回家的時候才會用，他說他不在家的時候，我可以借用他的車。

然而，我爸媽，主要是我爸，不贊同我去讀瑪瑞內莎基督學校。

「相信我，我今年不能回去讀原本的高中。」我告訴爸媽。

我爸一直期待即將到來的橄欖球賽季，因為我即將擔任麥卡琴獨行俠隊的先發跑鋒，而且這一季隊伍陣容強大。他不斷想辦法說服我，說待在橄欖球隊是傳教的好機會，可以告訴隊友我如何變成基督徒。

「但是我不是領袖啊。」我告訴我爸，「我知道我不是領袖。」

儘管我苦苦哀求，我最後還是回去讀麥卡琴。

開學第一天我完全不想去學校，連穿個衣服都痛苦萬分，我擔心一走進學校走廊，我就會再度背離主。

我心不甘情不願地等校車來接我，媽媽和我一起坐在客廳裡，爸爸洗完澡之後，也走進客廳。

「傑洛米，」他說，「主剛剛在浴室跟我說了些話。祂告訴我，你不能去讀麥卡琴，還有祂叫你去讀瑪瑞內莎，所以我得讓你去。」

我媽欣喜若狂，因為她想要我去讀瑪瑞內莎。就在那天，爸媽帶我去註冊。

很難解釋原因，不過我就是知道我應該去讀那所學校，那是上帝對我的計畫。上帝不只協助我前往瑪瑞內莎就讀，還幫我借了一輛車開去上學，獲准就讀瑪瑞內莎令我想到〈耶利米書〉（耶肋米亞）第29章第11節所寫的：「耶和華說：『惟有我知道我為你們安排的計劃：我計劃的不是災難，而是繁榮；我要使你們有光明的前程。』」

每天放學後，我都會留在學校一個小時，打掃廁所和用吸塵器清掃地板，我覺得我是個十分稱職的清潔工，尤其對一個十幾歲的男孩而言！這份工作我做得很驕傲，真心希望廁所和地板看起來潔淨無瑕。

我從刷廁所和吸地板中領悟到，如果上帝召喚你到某個地方，你就得全力以赴，達成使命。為了讀那所學校，我赴湯蹈火，在所不惜。

校方問我願不願意掃廁所，我立即回答：「當然願意。」

我的回答彰顯了我爸事奉基督、堅守信仰所樹立的模範。他創辦的那間教會起初規模很小，財務狀況不好，無法支付他全職薪資——當然，他在教會的工時還是比照全職工作。我爸啊，他在家有四個孩子要養，在上帝指引他創辦的教會當主任牧師，為了達到收支平衡，他必須到披薩店兼差，幫忙烤披薩與送披薩。我知道披薩店的工作肯定令我爸覺得有點難為情，但是他從來不覺得做那份工作是丟臉的。

前面講過，以前搭那些破車讓我覺得尷尬或丟臉，但是我現在每天花一個小時洗廁所和吸地板，雖然是卑微的工作，我卻從來不會覺得尷尬或丟臉。差別在於我現在是在事奉上帝，因此，我對人生完全改觀了。以前年紀比較小的時候，我老是沒有安全感，因此會想做一些事，希望獲得安全感。現在我開始全心事奉上帝，祂讓我獲得安全感。

我心裡總是想：「天啊，耶穌愛我，我要全心事奉祂。所以我要為祂赴湯蹈火。對，就算是洗馬桶，我也無所謂。」

拿著刷子、推著吸塵器走在校園裡，我感到安全無比。

揮別橄欖球場

轉了學，我就不用再參加我不想參加的那些派對，但也讓我沒辦法再打橄欖球，這可讓我難受了。

我本來的目標是要在高中畢業之後繼續打橄欖球。成長過程中，我玩過橄欖球、棒球和籃球，棒球打得最好，五歲就開始打。然而，高一時我感染了單核白血球增多症，回到棒球隊之後，教練告訴我：「你得補上缺席的跑步訓練。」

我知道太早過度操勞，單核白血球增多症有可能會復發，於是我告訴教練，我擔心把補跑跑完，舊疾可能會復發。「抱歉。」教練回答，「如果你不跑，對每天跑步與苦練的其他隊員不公平。」我只好退出棒球隊。高二棒球賽季來臨之前，我的棒球技術突飛猛進，因此教練希望我回去為球隊打球。當時我名氣如日中天，目中無人，我告訴教練，我沒興趣回球隊打球，狂妄地以為我不回去打棒球，能給他一頓排頭吃吃。

此外，我近來在橄欖球上面有長足進步，橄欖球漸漸成為我最喜愛的運動。我在六年級開始打橄欖球，但是到高二才開始打得好。我打跑衛和線衛，跑得快，又身強體壯，善於帶球跑。在那個賽季，我開始認為橄欖球可以變成上大學的門路。

決定不回公立學校讀高三之後，我便前去告知橄欖球教練。「我不能回去。」我告訴他，「我不能回去這所學校。」

他一臉震驚。「為什麼？」他問，「你是先發球員耶。」

「上帝改變了我的心意。」我告訴他，「我得離開這所學校。」

他似乎無法完全理解我的解釋，不過我講得很清楚，我心意已決。

「好吧。」他說。

我說那所基督學校「非常小」，或許我應該說「非常非常小」才對。我記得那所高中只有六名學生，不消說，學校裡不只沒有橄欖球隊，什麼運動校隊都沒有。

雖然離開公立學校讓我鬆了一口氣，但是我好想念打橄欖球。

我爸和我偶爾會開車到西拉法葉的普渡大學，在校園內的小廣場彈奏敬拜歌曲，學生會駐足聆聽一會兒，有時候我們的音樂會幫我們製造機會，與學生分享基督。

某個星期五晚上，我們開車到普渡，途中經過我以前讀的那所高中，橄欖球場燈火通明，我看得見球場裡面，也看得見觀眾看台上的球迷和球場上的選手。

爸爸開車，我坐在副駕駛座，不禁潸然淚下。

爸爸知道我很想念橄欖球，他看到我臉上的眼淚，伸過手來放在我的背上。「傑洛米，」他說，「你正在做主叫你去做的事。我以你為榮。」

時至今日，想到當時開車經過比賽中的橄欖球場以及我爸說的那番話，還是一陣鼻酸，那一刻對我影響很大。

那年放棄橄欖球是我人生的一大轉捩點，做自己的事幾年之後，我拋開自己的夢想，全心去做上帝要我做的事。這不容易。即便現在長大成人了，做起來還是很難。想要真心事奉主，如果我們真心喜愛的事物抵觸上帝對我們人生的旨意，我們就必須願意放棄那些事物。就我的例子而言，打橄欖球一點都沒錯，那不僅不是壞事，還是好事，不過走過上帝規劃的這條路二十年之後，回過頭來反思，我發現祂為我準備了比橄欖球更美好的東西。

在新學校沒有運動可以玩，於是我開始花比較多時間玩音樂，我跟幾個朋友組了一個車庫樂團，我們演唱口水歌，不過被我們翻唱的樂團如果聽到我們的表演，八成不會多得意吧。我不記得我們的團名了，不過倒是記得，有事不順的時候，我們就會把團名改成「聖堂復興」（Temple Rising）。我們只有改團名，樂團的其他人事物都沒變，不過不順的原因並沒有就此化解。

我聽音樂的興趣範圍很廣，包括基督教歌手，像是史蒂芬．柯提斯．切曼（Steven Curtis Chapman），還有許多不同的搖滾樂團。偶爾，從我選擇的音樂還是看得出來，雖然我已經改掉荒唐歲月的許多惡習，但是仍舊渴望做某些對我有害無益的事。我並不是說不是基督教的音樂就是壞的，不是的，我的問題在於選擇音樂背後的態度，我仍舊沒有完全改掉叛逆的個性，偶爾我還是會想證明我能當自己的主人，做自己想做的事。

在那段探索音樂期間，我開始更加深入了解音樂，以及嘗試其他類型的音樂，包括放克和雷鬼。撇開歌詞不談，我無師自通，用聽的就能彈奏出歌曲，在音樂上受到許多不同的影響。

我聽的音樂雖然五花八門，但是我寫給樂團演奏的歌，焦點卻很專一：對耶穌日益堅定的信仰。音樂變成抒發心中感受的管道，漸漸地，我的心朝音樂愈靠愈近。

看見那道光

在基督學校還沒讀完高三，我就好想回去麥卡琴讀完高中，我想要打橄欖球，也想要運用我在心靈上學到的智慧。

我知道回到公立學校勢必會面臨挑戰，但是我想要接受挑戰，看看我的信仰有多堅定。我覺得自己的信仰夠堅定，不過當初令我選擇轉學到瑪瑞內莎的那些恐懼，有些依舊存在。

我非常想要打橄欖球，但是又不想在麥卡琴讀一整個學年，解決辦法就是把課表排得滿滿，這樣我就能在聖誕假期提早畢業。

結果橄欖球賽季並不像我期望的那麼順利。

原因之一是，雖然我還是喜歡橄欖球，但是已經不像以前那麼熱愛了。去加州參加夏令營之前，橄欖球是我的生命；現在事奉上帝才是我的生命。再說，高三那年有一段時間沒有打橄欖球，讓我想要靠打球上大學的目標更加難以達成。我高三沒有參與完整賽季，錯過了這最重要的一年，很難獲得大學招募人員的青睞。

我本來是負責整場比賽的防禦，現在雖然同樣打我最喜歡的位置——跑衛，卻只能跟別人分攤時間。教練不看好我們的球隊在那個賽季會有好成績，因此把部分的帶球工作交給一位高二的跑衛，讓他增加經驗，希望球隊在接下來的幾個賽季能夠進步。教練說因為我上一個賽季沒有打，必須證明自己能打，不過現在帶球的機會要跟別的跑衛分攤，我很難向教練證明我寶刀未老。有些朋友希望我能擔任整場的跑衛，主場比賽時，他們會在觀眾看台反覆大喊：「把球給傑洛米！把球給傑洛米！」我爸對教練的安排大失所望，有一場比賽結束後，他委婉地要求跟教練談談。

「傑洛米有比另一名跑衛還要快嗎？」我爸問教練。

「有。」教練回答。

「傑洛米有比較壯嗎？」

「有。」

「整體來看，傑洛米是不是比較優秀的跑衛？」

「嗯，是啊。」

「那你為什麼不讓他上場多點時間？」我爸最後問，「在搞什麼陰謀嗎？」

「沒這回事。」教練回答。

那樣當面質問教練並非我爸的一貫作風，他會那樣做，單純因為我們很火大。我的目標是上普渡大學繼續打球，一開始沒有獎學金，希望打球打得好，能在未來的賽季獲得獎學金。在當地高中的高三賽季打跑衛打得出色，能提高我上普渡大學的機會。不過現在回過頭來看我的高三賽季，彷彿聽到主說：「這不是我要你走的路。」主對我另有計畫，跟我自己規劃的路不一樣。

我在麥卡琴就讀的那半年確實是一大挑戰，我還沒徹底看破紅塵，仍舊渴望享受立志重新事奉基督之前所嚮往的那些世俗娛樂。雖然我沒有像以前一樣去喝酒作樂，不過確實跟那些慾望不停爭戰。老朋友們仍舊喜歡尋歡作樂，不過我決定不跟他們廝混，雖然我們處在相同的班級與走廊，感覺卻像在截然不同的世界。

學校裡的基督徒我一個都不認識，原因之一是我不敢大膽說出「我現在是基督徒」。我還在裝酷耍帥，因為心中仍舊存在俗世的慾望，我妄自菲薄，認為自己沒資格大膽說出自己是基督的僕人。

高中畢業之後，我膽子大了點，敢說出自己是神的見證人，加上踏上音樂生涯之後，大家都知道我是基督徒，偶爾巧遇以前的同學，他們會告訴我：「嘿，我當時也是基督徒耶。」現在回顧，我不禁問自己，我當時到底在幹甚麼？要是我當時回到那所學校讀高三，能夠勇敢站出來為基督宣揚福音，肯定能發揮強大的影響。現在我用堅定的信心引導今日的青少年，尤其是經過上帝改造心靈的青少年，我總是鼓勵他們到高中帶動改變。

〈馬太福音〉（瑪竇福音）第5章第14至16節寫道：「你們是世界的光。建造在山上的城是無法遮蓋起來的。沒有人點亮了燈去放在斗底下，一定是放在燈臺上，好照亮全家的人。同樣，你們的光也該照在人面前，讓他們看見你們的好行為，來頌讚你們在天上的父親。」

我告訴青少年，想像自己在一個漆黑的大房間裡，忽然間有一個人拿著燈光出現，其他人看見那盞燈光，也拿出自己的燈光出現，於是愈來愈多人拿著燈光出現，直到燈光徹底照亮黑暗。

但是在有人拿出燈光站出來之前，房間會保持漆黑，就像在我的學校。我沒有拿出燈光站出來讓大家看見，我也沒聽說過有人那樣做。光線總是會射穿黑暗，有時候只需要一個大膽的人，就能徹底改變整個房間。

該跟撒旦斷絕往來了

提早結束高三學業之後，春天我到拉法葉的百葉窗公司工作，在生產線組裝百葉窗。接下來該怎麼辦，我猶豫不決：是去普渡大學讀企業管理或會計，同時想辦法擠進橄欖球校隊；還是到加州讀各各他浸信會聖經學院。

我這才發現自己陷入另一場天人交戰，難以抉擇到底應該走上帝為我安排的路，還是自己渴望的路，一直舉棋不定。

我爸媽可以把我推到遠方去讀聖經學院，也可以把我拉到身邊，去讀離家近的普渡，但是他們既不推我，也沒拉我，他們沒有纏著我問：「你要怎麼運用人生呢？」他們只關心我當時在做什麼：在他們的教會幫忙，偶爾帶領敬拜，以及參加聖經研讀。

「事奉主就對了。」他們總是這樣說，「你現在有工作，那就是事奉主。」這就是我爸媽所擁有的智慧。我絞盡腦汁思索上帝接下來要我做什麼；他們卻只關心我當下在為上帝做什麼，因為他們知道，只要我繼續事奉祂，祂就會告訴我，祂接下來要我做什麼。

有一天晚上我做了個夢，夢到我走進家裡的一間房間，我媽在房裡打電話。最後她掛斷電話。

「那是誰？」我問。

「撒旦。」她回答得不驚不慌，說話不露聲色，「你有他的電話號碼嗎？」

「有。」我說。

我嚇得驚醒，渾身冒冷汗。我不曉得那個夢是什麼意思，不過夢裡有撒旦，把我嚇死了。後來我沒有再做過那個夢，不過那個夢停留在我的腦海兩個星期，揮之不去。我知道那個夢是有含意的，只不過不曉得到底是什麼含意，直到最後上帝才傳達到我的心裡：我還留著撒旦的電話號碼，因為我還沒徹底跟他斷絕瓜葛。我應該堅定向前走，不應該再回首眷戀。我彷彿聽到上帝這樣對我說：我對你有計畫。我要你好好研讀「我的話」。

就是這樣，答案昭然若揭——上帝的旨意就是要我去念聖經學院。

第5章

邁向新階段

多虧一件T恤的幫忙，我才能到加州讀大學。我爸歸向基督的時候，聖靈馬上徹底改變他的人生，他在神召會教堂獲救清醒的那天晚上，他就永遠戒酒了，從此滴酒不沾。

我爸外向的個性沒有變，他利用不變的外向個性，加上改過遷善後的心，開始指引人們走向不同的道路。我爸愛耶穌，總是全力尋找機會向人們訴說祂的故事。

有一天，我爸穿著一件T恤去健身房，T恤上面印著「上帝的健身房」的字樣，我記得有些人覺得「上帝的健身房」T恤俗不可耐，不過我爸不太在意別人對他的衣服有什麼想法。

皇天不負苦心人，健身房裡有個人走到我爸身旁說：「我喜歡你的T恤。」那個人自我介紹說他叫奇斯．馬區，職業是醫生。他和我爸聊了一會兒，兩人一拍即合，因為他欣賞我爸勇敢表達自己的信仰，兩人於是變成朋友，多年來馬區醫生總是熱心幫助我們家和教會。

有一次，馬區醫生得知我家沒有立體音響，買了一台光碟音響給我們。他還帶我們一家人跟他的家人一起去看「新聞男孩」（Newsboys）的演唱會；他付錢邀請我爸和我陪他和他的兒子去科羅拉多州參加「守約者運動」（Promise Keepers）的活動；他也幫助我們的教會解決各種大小事。馬區醫生慷慨解囊的義舉，影響我的人生甚鉅。

馬區醫生得知我想要讀聖經學院，便說要幫我支付第一個學期的費用，我聽到後驚喜萬分。各各他浸信會聖經學院的體制跟一般大學院校不一樣，私立大學通常學費昂貴，但是各各他浸信會體制特殊，能夠盡量壓低學費。

第一，這所學校有兩年學位課程（後來有增設四年學位）。第二，這所學校不是經過主管機關核可的大學院校，因此可以聘用沒有教育學位的牧師，他們雖然無法到主管機關核可的大學院校任教，但是經驗與學識豐富，能夠教導學生事奉神。

雖然這所學校的學費比其他聖經學院來得低，但是我知道，我還是得仰賴上帝的供應和努力工作，才負擔得起讀大學的費用。到百葉窗公司上班和之前工作賺的錢，能存的我都存下來了，不過還是不多，我知道我得拚命工作才能讀完大學。

馬區醫生資助我讀第一個學期的費用，讓我一開始在加州讀大學沒有經濟壓力，還可以馬上開始工作存錢，應付未來的幾個學期。馬區醫生是上帝派來的另一個福星，慷慨施惠於我的人生和我的家人。

我在一九九六年秋天開始讀聖經學院，很開心能到那裡讀書，到基督教大學環境讀書，對我來說很重要，因為我認為我需要時間，隔絕高中時圍繞著我的那些世俗娛樂。〈詩篇〉第24篇第4節寫道，能站在神的聖所，就是「手潔心清，不拜偶像，不發假誓的人」。我希望能成為那樣手潔心清的人，我要全心追隨上帝，促成改變，不為私慾或世俗娛樂所動。

我確信神召喚我來事奉祂，儘管我不知道神賦予我什麼樣的任務。我喜歡彈吉他，還有在我爸的教會帶領敬拜，偶爾寫寫歌，既能創作，又能抒發情感，是表達內心感受與信仰的好法子，不過當時我倒還沒想過要用音樂來事奉神。

但是我知道我想要深入鑽研上帝的話語，我不想只是膚淺地讀過，然後說：「寫得好。」我要讀到融會貫通，我要仔細研讀每一節經文，然後說：「好，現在我深切了解這一節了。我現在要深思下一節，然後問自己：『這節經文對我的心產生了什麼影響？』」

要透過信仰耶穌來真正改變人生，就必須鑽研祂在聖經裡說的話，讓祂的智慧沉澱到我們的心裡，為我們的行為指引方向。

我讀完經文會問：「祢在說什麼呢，主？」偶爾我會這樣禱告：「祢這段話是什麼意思呢？」接著思索那段經文。我要實踐〈腓立比書〉（斐理伯書）第4章第8節：「末了，弟兄姊妹們，你們要常常留意那些美善和值得讚揚的事。一切真實、高尚、公正、純潔、可愛，和光榮的事都應該重視。」

只要是使徒保羅列出來的美德，我就會優先惦記在心裡。

接下來，我要實踐聖經所記載的智慧，上帝的話活潑有效[3]，只要我們認真鑽研深思，就會潛移默化。我選了一個簡單的讀經計畫：打開聖經到〈創世記〉，一直讀到〈啟示錄〉（默示錄）。各各他浸信會聖經學院極度重視聖經課程，打從第一學期一開始我就知道，在課堂上我得全心認真學習，私下事奉神的時候，我才能學到我渴望學習的智慧，上課時我就像海綿一樣，拼命吸收。

心靈大掃除

開學不到一個月，我就經歷了重要的一刻。當時我們在學習〈約翰福音〉，我們的教授是查克．伍利（Chuck Wooley）牧師，他講述耶穌和祂的愛，說我們必須被分別出來，潔淨我們的心靈。

伍利牧師講課本來就引人入勝，他講起潔淨心靈這個主題，更是令我心潮澎湃。我渴望潔淨心靈，我需要像他說的那樣潔淨心靈。

那堂課在晚上，是那天的最後一堂課。聖經學院現在的校區在加州的穆列塔（Murrieta），但是在我的第一個學期期間，校區才從加州的大熊（Big Bear）遷移到那裡。大熊在聖貝納迪諾（San Bernardino）東北方的山區裡，風景美麗。我喜歡在山上深呼吸，沉浸在周遭松樹的芬芳中，令人心曠神怡。

校區很小，約有五百名學生。教堂在一座感覺有點像山林小屋的休閒中心裡，我在後側找了個位置坐下來，獨自落淚，將近兩個小時哭個不停，大部分的時候把頭埋在雙手裡。

我肯定很引人注目，我沒有坐在椅子上，我是坐在一張椅子的椅背上，雙腳踩著椅墊。經過多年健身，我看起來虎背熊腰。學生人數很少，因此大家都知道我是從印第安納州來到加州。當時我留長髮，綁成馬尾，兩側頭髮剃光。

不用說，我剛到聖經學院就引人注目，一個中西部來的傢伙，虎背熊腰，活潑外向，髮型瘋狂，卻哭個不停。

教堂裡有其他學生，不過我才不在乎。每當有人問我還好嗎，我總是抬起頭說：「上帝正在跟我溝通。」說完又把頭埋到雙手裡繼續哭。

先知以西結（厄則克耳）在〈以西結書〉中記述，上帝要給以色列人新的心，將新的靈放到裡面[4]。淚水停止後，我開始思索我坐在椅背上發生了什麼事，我感覺到上帝給了我一顆新的心，將新的靈放進了我的身體裡。

這不是說我的心裡原本有什麼非常邪惡的東西，我是基督徒，嚴守基督徒的生活規範，渴望跟基督發展更親密的關係。不過我的心裡確實有許多垃圾。

要說發生了什麼事，我只能說，我的心就像一個需要徹底清理的櫃子，首先羅列出要

3〈希伯來書〉第4章第12節。
4〈以西結書〉第36章第24至32節。

收納在櫃子裡的東西，接著把不要的東西丟掉，把要保留的東西重新整理好，最後把櫃子的底板收拾整潔，好讓自己能再次走進櫃子裡。清理完後，你會很累，因為你很清楚自己剛完成全面大掃除。不過當你站在門口欣賞那個看起來宛如全新的櫃子，就會覺得一切努力都是值得的。

從那張椅子上起身離開時，我心裡暗自希望，當上帝看到我的心時，會覺得我的心就是清理好的狀態。不過我很篤定，剛剛發生的事讓我很開心，因為我清除了一大堆垃圾。我早就厭煩心裡仍舊堆著一大堆垃圾，其實，我很討厭那些垃圾，因為我想要被分別出來，但卻始終無法丟掉一切私慾，只能任其變成阻礙。

從那一刻開始，我便全心全力事奉上帝。

我立刻感覺到的一項改變，就是對別人的憐憫之情。我以前就知道要尊重與善待他人，因為爸媽從小就教導我要那樣做，不過善待與尊重他人，遠不及感同身受地憐憫他人，要有同情心，才能感同身受地憐憫他人。如果我們讓基督幫助我們用祂的視角來看別人，我們就會注意到，周遭有更多人身處困境，需要基督救助。我們不能只是同情有難的人，我們還要感同身受幫助他們。

我需要改變，不是希望別人喜歡我或是想跟我在一起，是希望上帝能夠透過我來行事，我希望祂這樣做，祂也希望這樣做。我需要改變，不是希望自己能夠得利，是希望別人能夠獲益，能夠榮耀上帝。

我對別人的愛似乎快速增強。

在校園裡，看到有人一臉憂傷難過坐在長椅上，我就會憐憫起那個人，感覺我的靈裡有一股力量把我拉過去，告訴那個人，說耶穌愛他，基督能帶來希望，耶穌準備了好多恩典要賜予他。跟別人分享耶穌的慈愛和希望變成了我的個人使命，這個使命不是單純來自課堂中學到的知識，是來自我親身獨自在那張椅子上感受到祂的存在。

下一次我回到印第安納州的家中，我向弟弟雅列道歉，請他原諒我這個哥哥當得不夠好。雅列比我小八歲，大概是因為年紀差太大，我們始終疏遠，不像兄弟。再說，我們的個性截然相反，他個性內斂，像我媽，我個性狂放，像我爸。

愈來愈關心別人的感受，我才赫然明白，自己沒有克盡哥哥的職責，為雅列樹立榜樣。我請雅列原諒我，他體恤地回答：「噢，你是個好哥哥呀。」（他的這個特質也是遺傳自我媽）不過我知道我根本算不上好哥哥。我知道我錯過了機會，沒有在他需要的時候當個親愛的好哥哥，為他的人生提供正向的影響。

讀大學時，我覺得我跟耶穌比以前更親近了，敬拜的時候，不論是獨自敬拜，或是跟全校學生一起敬拜，我都能獲得神奇的感受。在教堂的禮拜儀式中敬拜時，我總是會再次感受到夏令營第一天晚上所感受到的那股力量，不過現在我是親身體驗到敬拜時的感動，不再只是旁觀者。

我和人們會在校園裡交心暢談，跟彼此分享需求，一起禱告。我們經常讚頌上帝如何改變我們的人生，因為我們對彼此深感興趣，會去了解彼此的成長背景和心路歷程。

我們學校裡的學生來自各種不同的背景，有新手基督徒，滿腔熱血，也有資深基督徒，對聖經倒背如流。我們來自不同的成長環境，齊聚在一起，大家觀點不盡相同，對上帝的話語提出不同的問題，深入鑽研經文的含義。愈是了解那些同學，我就愈覺得我可以跟他們一起走過人生的每個階段。

獨自一人的時候，我會去山裡禱告唱歌，敬拜主，唱著「感謝主」或「讚美主」。我會覺得自己好像跟耶穌在一起！

學習帶領敬拜

我喜歡借用耶穌講聽明人和愚蠢人蓋房子的那個寓言[5]，來形容我剛到各各他浸信會聖經學院念書的時候，我的基礎是石沙參半。在夏令營決定重新事奉神之後，我還是認為我不能回公立學校，我相信原因之一就是我的基礎不穩固。

各各他浸信會聖經學院的聖經課程徹底鞏固了我的基礎。我們通讀了聖經裡的大部分書卷，仔細鑽研記述深奧神學的那幾卷書，像是〈希伯來書〉、〈羅馬書〉、〈以賽亞書〉（依撒意亞）等等。我們不只聽教授講課，也聽我們暱稱的「查克錄音帶」——發起各各他浸信會運動的查克．史密斯牧師是很棒的聖經講師，我們會聽他的錄音帶，聽他逐節講授經文。我做了詳細的筆記，寫下在課堂上從聖經學到的智慧；自己在研讀聖經的時候，我也會圈出重要的經文，在關鍵字下面劃線，以及在頁邊空白處寫筆記。一堂課接著一堂課，我按部就班建構穩固完整的基礎，再把未來的人生構築在那片基礎之上。

再來談音樂，我喜歡在寢室裡彈吉他和唱歌，偶爾會到學校的自助餐廳表演，不過我當時還是沒想過要用音樂來事奉神，我全心全意只想學習神的話語。有一天我在自助餐廳裡拿著吉他胡亂彈，有個人問我：「你會彈嗎？」

「會啊。」

「彈首歌來聽聽吧。」他說。

於是我就彈了一首歌，彈完後，他說：「噢，哇。」

另一個人走過來對我說：「你應該在學校教堂帶領敬拜。」

「好啊。」我說，「樂意之至。」

第一次在學校教堂帶領敬拜的時候，我緊張得要死，帶領敬拜就像看電視上的比賽一樣：看起來易如反掌，做起來難如登天。我現在在舞台上落落大方、輕鬆自在，但是第一次在學校教堂的禮拜中帶領敬拜時，我超級害羞，非常擔心別人覺得我態度傲慢，結果反而拘謹過了頭，帶領敬拜時，我表現得非常內向。

5〈馬太福音〉第7章第24至29節。

儘管如此，在各各他浸信會聖經學院第一次帶領敬拜時，我還是暗自在心裡驚嘆：「哇，這真是有趣極了！」

以前在家鄉，我就曾經在我爸的教會裡帶領敬拜和聖經研讀，從那時起，我的心就改變了，生平第一次覺得自己在事奉神，或者真正運用天賦事奉主，而且覺得祂也在運用我。這著實令我欣喜若狂！

第一次在學校教堂帶領敬拜之後，我便在聖經學院每個星期帶領兩次敬拜，後來又受邀到當地的教堂帶領敬拜或唱幾首歌，每次我都好緊張，擔心搞砸。

坦白說，雖然我在印第安納州就帶領過敬拜，但是其實我並不懂該怎麼帶領敬拜，我不記得我花了多久時間才學會，只記得我一度告訴自己：「嘿，帶領敬拜很簡單，就當自己是被帶領的人，虔誠敬拜就好了。」

我最後學會了，帶領敬拜的人只要跟著敬拜就行了。帶領敬拜的時候，如果一心擔心怎麼讓大家專心敬拜，就無法深刻、充分地享受敬拜的時刻。因此，我決定帶領敬拜的時候，我要專心敬拜耶穌，我專心敬拜，其他人也跟著我敬拜耶穌。帶領別人敬拜真的是很棒的敬拜體驗。

我沒有自己的吉他，所以每當要帶領敬拜、在教堂唱歌或獨自彈奏的時候，就得跟朋友借。

我的第一學期由馬區醫生幫我付學費，第二學期為了支付學費，我到辦公用品店工作，負責管理存貨。第二學期結束後的那個夏天，我到工地工作，賺錢付第三學期的學費。我得這樣拼命工作才能支付學費，所以根本買不起吉他。

我甚至不確定能不能讀完兩年書，因為我沒有足夠的錢支付第四學期的學費，不過由於我每個學期和夏天都拼命工作，學校為我想出了付款計畫，允許我讀完最後一學期，但是等我付清學費才發學位證書給我。

透過音樂事奉神的機會繼續增加，同學紛紛邀請我到他們的教會，在青少年團契或禮拜儀式中唱歌。我也跟幾個同學共組樂團，我們偶爾會帶領敬拜，或在學校舉辦演唱會，這讓我們能夠表演每個人寫的歌。

當時我從來沒有刻意想要寫歌，也就是刻意坐下來寫歌，我的歌都是來自我跟主的關係，祂如何改造我的心，我讀了什麼而想到祂，都是我寫歌的材料。酷的是，我只要回顧我寫的歌詞，就能回想起當時上帝跟我說的話。在〈回首〉（Looking Back）這首歌裡，副歌這樣寫：

祢被釘在十字架上
君王不該被釘在十字架上
主，那些痛楚，祢慈悲承受
祢為我承受

當時我會寫這首歌，是因為想要擺脫自私的慾望，警惕自己不能把耶穌基督為我犧牲生命視為理所當然。寫歌變成很像自我餵養的循環，我寫出心中的省思，如此我便能再進一步省思我寫的內容。這加深了我跟主的關係，讓我更深入了解祂。

第6章

上帝贈予的禮物

完成學業之後，我決定待在加州繼續工作，賺錢償還學費，於是到超市當裝袋人員。夏天接近尾聲時，朋友們和我決定解散我們的樂團，然後我開始花很多時間跟維斯塔各各他浸信會（Calvary Chapel Vista）「大學與職場事工團」的朋友一起玩音樂，維斯塔在聖地牙哥附近，離各各他浸信會聖經學院只有半小時的距離。我們會聚在一起即興合奏，我也會到我們的大學與職場事工團幫忙帶領敬拜。

那年秋天「吶喊合唱團」（The Kry）的尚盧·拉吉瓦（Jean-Luc Lajoie）來我們這一區找樂手，他要幫「豐收十字軍」（Harvest Crusades）組一個青少年樂團。有人向尚盧推薦我，於是有一天晚上他來聽我們練習。

後來，尚盧跟我聊了一會兒，說他喜歡我們演奏的一首歌，那首歌是我寫的。他提出一些見解供我參考，接著向我說明他要組青少年樂團的計畫。他說他想跟我談談，問我有沒有興趣加入樂團，並且提議我們倆都為這件事禱告，下次見面再深入詳談。

我立刻就喜歡上尚盧，於是我們開始往來，他顯然深愛耶穌。吶喊合唱團大紅大紫、全國馳名（當時他們只在加州發展），儘管如此，他為人卻十分樸實。後來尚盧開始推動計畫，籌組青少年樂團，旋即邀我加入。我告訴尚盧，我會為此事禱告看看。

大學剛畢業的那段日子，事事難料，跟當初為了要去念聖經學院或到普渡打橄欖球而猶豫不決有些雷同。不過倒是有個明顯的差異。以前，我是在上帝的旨意（聖經學院）和我的私慾（打橄欖球）之間做抉擇。這次，我的選項跟事奉神都有關係，上帝的旨意和我想走的道路沒有明確的衝突。

當時我爸在拉法葉的教堂成立五年了，他告訴我，他很希望我回家跟他一起共事，帶領敬拜。不過他也鼓勵我去探索上帝對我的人生有什麼旨意，如果上帝不要我去他的教堂，要我去別的地方，那他也希望我照上帝的旨意去做。

當時我一度困惑，我是不是錯過了什麼。某個星期六下午，我看著電視上的大學橄欖球比賽，有一名選手在球場上奔跑，如果當初高三時我有參賽，他就是我的後備跑衛。他達陣得分之後繼續衝刺超過一百碼，他在全國電視轉播的橄欖球比賽上表現優異，我卻在雜貨賣場工作，雖然我有幾條跟音樂有關的路可以選，但是還算不上真正在玩音樂。

「在電視上打橄欖球的那個人本來可能會是我。」我心裡這樣想。

不過就在此時，我想起了三年前那個星期五晚上我爸說的話，當時我們開車經過我本來可以參加的一場高中橄欖球比賽：「你正在做主叫你去做的事。」

看完以前的隊友在電視上打球不久後，我旋即獲得機會到一個營隊演奏與唱歌，那個營隊給了我一張支票，上頭的金額大過我以前演奏音樂所獲得的任何一張支票，也剛好大到足以付清我欠各各他浸信會聖經學院的學費。一九九八年十二月，我把學費還清之後，便辭掉了在馮氏超市的工作，搬離住處，當時我住在海邊市（Oceanside），跟一位朋友以及他的祖父母住在一起。我回到印第安納州，拿不定主意是要永遠待在家鄉，還是再回到加州。

我走到了人生的重要十字路口，跟爸媽認真討論我可以選擇的路，以及應該如何探索上帝給我的旨意。一如往常，我媽叫我去看與我的處境相關的那些經文；我爸知道我面對的抉擇有多重要，於是提議我們倆去借住一位朋友的小屋，到那裡齋戒禱告幾天。

那段時間很特別，我跟爸爸獨處，小屋裡沒有媒體，我們沒有手機，我們一起齋戒禱告，還有釣魚和聊天。我記得在那裡，我感到平心靜氣，禱告的時候，我告訴上帝，我不想再像以前那樣陷入心靈的爭戰，我不想像以前那樣做自己想做的事。我告訴上帝，不論祂要我做什麼，我都願意做。

在小屋的時候，我感覺到上帝彷彿對我的心說，祂要我回到西岸。

「祢確定嗎？」我問祂：「我搬離了加州的住處，準備要在豐收堂這裡事奉祢。祢真的要一個沒有工作、沒有住處的人回到加州嗎？」

在寂靜中，我彷彿聽到強烈的肯定回覆，說上帝的旨意就是要我回加州。我相信上帝有計畫，而且會供應我的一切需求，幫助我跟隨祂的指引。

向我爸開口可不容易。坐車回家的路上，我把這個決定告訴他。我知道我的選擇一定會讓我爸夢想破滅，我可以想像一個爸爸多麼期待兒子能跟他一起事奉主，只怕爸爸無法如願了。我向他道歉，他說他了解。

我們回到家之後，我又跟爸媽促膝長談一遍，說明我的選擇，他們都認同我做了正確的選擇。

永生難忘的聖誕節

我待在印第安納州過完聖誕節。聖誕節早上我們全家人在一起，四月和姊夫阿崔跟我們一起過節。每年聖誕節早上，爸媽會叫我們其中一個孩子去發禮物，那年我被指派去發禮物。

我把禮物都發出去，只剩最大的那個沒發，那個放在樹後面，包裝上沒有名牌。

「這個是誰的？」我問。

「那是你的。」媽媽說。

我不知道那是什麼，不過我動手拆開禮物的包裝，我發現每個人都停下手邊的事，盯著我看。

我拆開包裝紙，看見盒子就知道是吉他，那可不是一般的吉他，那是泰勒牌的吉他，我知道那把售價兩千美元左右！

我徹底驚呆。不要說我從來沒要求爸媽買泰勒牌的吉他給我，我甚至從來不敢想像能擁有。吉他是我最想要的禮物，而泰勒牌的吉他又比我想要的吉他貴二十倍，我根本不敢奢求。

我熱淚盈眶，客廳裡的人也都哭了起來，我端詳著禮物，仍舊無法置信。我清楚記得當時腦海浮現這句話：主，不論祢要什麼。不是我的計畫，是祢的。我會全力達成。

我開始彈奏我的新樂器，心裡湧現一股期盼，雖然對於能不能成為全職樂手，我始終沒有多想，但是我開始明白，上帝送給我的禮物是音樂天賦。爸媽的禮物強烈肯定地告訴我，音樂絕對是可以用來報答上帝的天賦。現在，我不用跟朋友借吉他，就能運用這項天賦了！

聖誕節之前，我告訴過媽媽，我非常需要一把吉他。尚盧告訴過我，我需要一把吉他，因為在他認識的人裡頭，只有我得跟別人借吉他才能到教堂演奏。不過我告訴媽媽，我不知道要怎麼賺錢才買得起吉他。

「我知道，我知道。」我媽故意裝傻，偷偷隱瞞其實她跟我爸早就買了一把。

爸媽從我們的電話聊天中就知道，我很喜歡在學校和教會帶領敬拜，他們明白上帝正利用音樂打造我的人生。

有一天媽媽在洗碗盤的時候，突然強烈覺得她和爸爸就算沒錢，也得買一把吉他給我。結果爸爸自己也有相同的感覺。

於是他們決定去借錢買那把泰勒牌吉他，他們把這當作為了我未來的心靈發展所做的投資。不過簽借據之前，爸媽先詢問姊姊和弟弟同不同意爸媽送我吉他，爸媽向四月、雅列和約書亞解釋，說爸媽沒辦法也買那麼貴的禮物送他們，今年他們的禮物會比我的便宜很多。姊姊和弟弟聽了都很開心，他們知道我非常需要吉他，於是同意爸媽買吉他送我。

搭飛機回加州的時候，我死都不肯將那把寶貝吉他當作行李託運，我帶著它坐飛機。上飛機後，我看見大家紛紛把行李放進頭頂置物櫃，不禁焦急了起來，我告訴一位空服員：「我這把吉他一定要放在頭頂置物櫃裡。」要是航空公司允許，我肯定整趟旅程站在走道上，把吉他放在我的座位上，繫上安全帶綁牢。那位空服員態度親切，很體諒我，幫我找了個地方小心放置我的寶貝。

我在加州降落，帶著一袋行李和一把吉他，沒有工作，沒有地方住。我請我的朋友布萊恩到機場載我到各各他浸信會聖經學院，參加青年牧師大會，除此之外，別無計畫。

在青年牧師大會中，我巧遇了一位朋友，他叫以賽亞．湯森，是我去維斯塔各各他浸信會時認識的。

「嘿，兄弟，聽說你沒地方可以住。」以賽亞說。我不曉得是誰告訴他的（八成是我的大學同學，我本來打算到他的宿舍寢室借宿，應該是他把我沒地方住的事說出去的吧）。

「是呀。」我說。

以賽亞告訴我，他的祖母住在維斯塔，想找人一起住，提供食宿，我只要照顧她、幫她買日用品、帶她去看醫生，還有幫她處理其他雜務。

當時我別無選擇，只得答應以賽亞到瑪吉奶奶家住。

隔天，我的青年牧師戴夫．霍爾載我去她家，車子停到以賽亞給我的那處住址後，我告訴戴夫：「我猜一定是這裡了。」

「聽你這麼說，你以前沒來過這裡囉？」戴夫問，「你完全不認識這位老奶奶？」

「對，不過我猜這裡就是我要住的地方。」

下一個舞台

我在前門敲了幾下，一個笑容滿面、滿頭白髮的老奶奶來開門。

「嗨，妳是瑪吉奶奶嗎？我是傑洛米。」我說，「我是來跟妳借宿的。」

「哇，你的眼睛真漂亮。」瑪吉奶奶說，「快進來！」

瑪吉帶我到她吃早餐的角落，我們坐到桌子旁，開始互相自我介紹。她問起我的事，我告訴她，我在印第安納州長大，接著到加州讀聖經學院，一邊玩音樂，畢業後回到家鄉，最後發現上帝要我回到加州，因此即便沒地方可以住，我還是回來了。

瑪吉說了她丈夫的事給我聽，她丈夫原本在軍中服役，幾年前去世了。她還聊到她的信仰，她告訴我她在人生中經歷過的一些事，說那些事考驗了她的信仰之後，讓她的信仰變得更加堅定，我感覺得到她內心的堅毅。我們的聊天也帶著一絲哀傷，因為顯然她非常思念丈夫的陪伴。不過我們聊天時，瑪吉始終面帶笑容。

「我帶你去你的房間吧。」聊了一個小時左右之後她說，「如果你明天要去買日用品，我的信用卡在這兒。」

我坐在行李袋上，吉他放在臥室的地板上，瑪吉離開之後，我才坐到床上，深吸一口氣。我只需要一趟就能把全部的行囊搬到我的房間，而且雙手拿的行李一點都不會太重。我的銀行戶頭裡剩下不到二十美元，我有手機，但是沒車。

「好吧，主，」我心想，「我來了。祢要我做什麼呢？」

那天我打電話給尚盧，告訴他我人在維斯塔，結果他卻告訴我組青少年樂團的計畫泡湯了。不過由於我們初次相識就一拍即合，因此保持聯繫，偶爾會見見面、聊聊天。

有一天尚盧打電話問我，要不要到演唱會現場幫忙賣吶喊合唱團的商品。那天晚上我去幫忙，後來又多次受邀到演唱會幫忙賣東西，尚盧和他的哥哥易維斯會給我一些酬勞，感謝我幫忙。每一份收入對我來說都很重要。

不過，比錢更有幫助的是跟尚盧和易維斯結為好友，跟他們在一起讓我了解到，不論在舞台上或舞台下，他們都相當誠懇正直。

尚盧對我總是直話直說，喜歡問「你有繼續讀經嗎？」、「你有天天禱告嗎？」和「上帝最近跟你說了什麼？」之類的問題。我需要他的直言作為敦促，我知道尚盧會問我那些問題，因此鞭策了我嚴守基督徒的生活習慣。

當時有個問題他經常問，至今我們仍舊會問彼此這個問題：「你的『地毯禱告』順利嗎？」我們真的會趴在地板上，臉朝著地毯禱告。

尚盧無時無刻不在談論主，他經常鼓勵我。由於我在探索上帝為我預備的計畫時，基礎不夠穩固，因此需要尚盧的鼓勵與直言。

尚盧也教我音樂，真的很感謝他，他在指導我音樂時，跟敦促我的信仰生活時一樣直話直說。

「噢，兄弟啊，」他講的是加拿大英語，帶著法國口音，很好聽，每次聽我唱完歌之後，他就會這樣說，「你的時間有時候抓得不準。」或是「兄弟啊，唱歌的時候要唱出你的感受呀。」他會這樣問：「你在唱什麼？」要我好好想想歌詞的旨趣。我把我的感受告訴他，他就會激動地說：「那就唱出來呀！」不過他也會真誠鼓勵我。我演奏和唱歌的時候，他喜歡對我說這句話：「兄弟，我愛死你的真情流露。」

相處一陣子之後，有一天，尚盧問我當天晚上要不要在他們的演唱會上演奏一首歌，我聽了之後不知所措，因為我沒想過他會提出這樣的邀請。能在販賣部賣東西，還有透過觀看吶喊合唱團的表演來學習，我就已經很開心了。

「樂意之至。」我臉上掛著大大的笑容說。

我跟樂團成員一起站在台上，望著台下的觀眾，心裡好緊張，因為跟我同台的可是吶喊合唱團啊。我跟他們一起演奏的第一首歌是〈逃跑〉（Get Away）。我想我比較關心的是尚盧，不是觀眾，因為他對音樂要求完美，每次我感覺自己落拍，內心就會驚慌起來。我滿腦子擔心搞砸，結果在台上演奏時渾身僵硬，活像機器人。

我打電話給爸媽。「你們猜猜發生什麼事——我跟吶喊合唱團一起在舞台上演奏一首歌耶！」我告訴他們。他們很開心，問我那是什麼感覺。

「很瘋狂。」我說，「我緊張得要死！」

爸媽巴不得當時能在現場觀看我在台上演奏，哪怕只是一首歌，他們還告訴我，他們以我為榮。爸媽總是掛在嘴邊，說他們以我為榮。我爸總是會用特別的方式來說，那次講電話的時候，他告訴我：「我好以你為榮，因為你正在事奉主。」到現在我還是愛聽他這樣說。

我第一次在舞台上僵硬得像《星際大戰》裡的機器人C-3PO，尚盧也許是沒注意到，不過比較可能是有發現，但是故意裝得若無其事，因為他後來又邀請我跟吶喊合唱團同台演奏幾次。

顯然，我正走向某種類型的音樂事工，我身邊的人也鼓勵我那樣做，不過我還沒準備公開宣布我要當全職的音樂家或音樂事工，我還沒有「這是我想要做的事」或「這是我想要的工作」的感動，每當被追問要不要投入音樂，我就會說：「如果那是上帝的安排，那當然好呀。」我以前曾經自己安排生涯道路，結果親眼目睹了產生的負面影響，所以我不想要再那樣做了。但是我確實覺得上帝正在為我開啟走向音樂的門。

有一天尚盧對我說：「你要不要演奏一首你的歌呢？」這句話開啟了一扇大門。在俄亥俄州的錫達維爾學院（Cedarville College，現在改為大學了），我第一次在吶喊合唱團面前表演，我先獨唱〈這個人〉（This Man），再跟樂團合奏一次〈逃跑〉。

我在台上心潮洶湧，聽到觀眾的反應，感受到主就在現場，有些人透過我的音樂感受到祂的存在。那天晚上離開舞台時，我心裡想著：就是這個！這就是神叫我做的事！

我變得極度渴望演奏和唱歌，分享我的心情，後來又有機會上門，一樣得感謝尚盧。每當吶喊合唱團接獲當地教會邀請舉辦演唱會，如果他們的表演日期已經被預訂，尚盧就會向教會舉薦我。

我得請別人開車載我，或者跟朋友借車，才能去教會，後來一位熟識的友人有多餘的車子，聽聞了我的情況，主動說要把一輛他沒有在使用的舊車借我開，這完全就像我小時候別人把車送我爸媽那樣，我開的那輛車品質也差不多，那是一輛日產Sentra，我記得是一九八一年款的，每次不小心開過凸起的路面，後車箱蓋就會彈開。

我從來不會把泰勒牌吉他放在後車箱，吉他本來就千不該萬不該放在後車箱，更別說是一個蓋子不小心就會彈開的後車箱。

說個趣事，那輛車的排檔桿太老舊，桿頭上的數字都磨掉了。我在高速公路上都用第四檔開車，引擎高速轉動，發出刺耳尖銳的嘎嘎聲。有一天有個朋友搭我的車，在嘎嘎聲中扯嗓告訴我，那輛車可能有第五檔。

「第五檔在哪？」我問他。

他叫我把排檔桿打到最右邊的上側看看，果然，那裡真的是第五檔！發現有第五檔之後，那輛車在高速檔行駛的聲音就悅耳多了。

我那把泰勒牌吉他比那輛車還值錢，不過就像我爸媽收到許多輛別人送的車一樣，我也很感謝上帝託付別人來供應我的需求。

借住瑪吉奶奶家讓我能夠維持低開銷，不過我沒有告訴尚盧，我幾乎身無分文。到販賣部幫忙賣東西，吶喊合唱團會給我一百美元左右；到教會唱歌，也能賺點小錢。我賺的錢就只有這樣，但是我完全不擔心錢的問題，因為我的錢從來就不多，所以我從來不覺得有什麼匱乏。

各位或許會覺得那段歲月很貧乏，但是我現在回過頭來看，卻覺得十分充實。我加入了維斯塔各各他浸信會的大學與職場事工團，心靈層面大有長進；尚盧在心靈與音樂上惠我良多。透過音樂，我看見上帝在運用我，為我開門。而且，最後，我終於開始明確感覺到神在召喚我的人生。

第7章 為情所困

有一次邀請是傑森．達夫提出的，跟一九九九年春天大學同學向我提出的其他邀請一樣，他請我到帕洛瑪學院（Palomar College）幫忙，帶領他的讀經小組敬拜。有一群朋友很支持我，一直找機會讓我能夠到他們的教會和小組表演音樂，我喜歡帶領敬拜，把握每個機會，能帶領敬拜又能幫傑森．達夫這樣的朋友，簡直是雙喜臨門。

傑森跟我聊到他在讀經小組認識的一位學生。「她是個很棒的女孩。」他告訴我，「你得看看她有多愛主。」我一眼就看出來傑森有多喜歡她。

我到了帕洛瑪之後，傑森旋即向我介紹梅麗莎．漢寧，她一頭深褐色的頭髮，褐色的眼睛又大又圓，笑容無比甜美。我暗自驚嘆：「傑森沒吹牛——她好漂亮。」傑森似乎看中了個好姑娘。

那天晚上傑森的讀經小組裡有大約八個學生，我們圍成一個圈圈，開始敬拜讚美。那個團體雖小，但是帶領他們唱歌與讚美主，卻令我感到無比喜悅。每個學生都全心投入，不過有一個學生一直吸引我注意，那就是傑森的朋友梅麗莎。

我從來沒看過跟我年紀相仿的人對上帝如此熱情洋溢，她唱得盡情，徹底伸展雙臂。她專心一意敬拜主，讓我覺得自己好像是局外人似的。聖經研讀結束之後，梅麗莎和我短暫閒聊了一下。

接下來幾個星期，我在那個讀經小組和其他團契中都曾經再遇見她，傑森一直跟我聊她的事，表明自己對她十分心動，不過傑森從來沒提過梅麗莎也同樣對他心動，我觀察兩人在同一個團體裡互動，發現傑森希望兩人成為戀人似乎是一廂情願的想法。

其實，我愈是跟梅麗莎相處，反而發現她跟我之間才真正有擦出火花。

我打電話告訴梅麗莎，說我發現我們合得來，她完全認同，說我們志同道合。不過我們還有另一個共通點，那就是我們都是傑森的朋友。其實，傑森是我的親密好友，我知道他樂觀地認為他和梅麗莎會譜出戀曲。

梅麗莎和我都認為我們的處境很為難，我們不想要傷害傑森，但是又很喜歡跟彼此聊天，希望能繼續往來。我們會一起吃午餐或喝咖啡，聊上帝、音樂和許多大小事，傑森說的對，梅麗莎確實是個很棒的女孩，她個性十分開朗，內心充滿喜樂。

梅麗莎告訴我，她是在基督教家庭中長大，不過曾經稍微走偏了，不是嚴重的背離，只是事奉上帝不力，心有餘而力不足。有一天上帝對她的心提出告誡，說她背離了正道，她才幡然醒悟，重新立志追隨上帝。她的家人也都跟梅麗莎一樣背離了正途，她幫忙引導家人改邪歸正，跟她一樣全力事奉上帝。梅麗莎是領袖，也是極具說服力的見證人，我很佩服她這點。

她虔誠敬奉主。偶爾在讀經小組中，我和幾個愛玩鬧的朋友會搞怪耍寶，我當時年紀輕，就愛調皮搗蛋。梅麗莎也喜歡玩鬧，笑起來天真活潑，有感染力，有時候笑得好大聲。不過我有時候耍寶過了頭，她就會露出俏皮的詭笑，暗示我「夠了」，讓我知道該適可而止了，其實我好喜歡看她對我擺出那俏皮的模樣。

我們相處大概一個月左右，我很快就愛上她，有一次我們在一起，我開始暗自心想：「我得跟她告白。」

下一次我們在一起是在她爸媽的家裡，我們坐在客廳，我覺得我們好像在自己的小世界裡，我們開始聊天，我心跳變得好快，心潮澎湃，心裡想：「這個女孩簡直是仙女下凡，我要跟她結婚！」我的心臟狂跳不已，我注意到我的手心流了好多汗。

我滿腦子想著：「跟她告白！跟她告白！跟她！告白！」於是我說了。

「梅麗莎，我要告訴妳，我愛妳。」

她臉上先是露出驚呆的表情，但是旋即故作鎮定，彷彿在說：「我是嚇傻了沒錯，但是我不能讓人看出來。」我真希望能收回那句話。

一陣尷尬的沉默之後，梅麗莎輕聲嘆了一口氣。「傑洛米，謝謝你，但是我現在沒辦法對你說我愛你，因為對我而言，那句話是很重大的承諾。」

我既尷尬又傷心。我擔心我嚇壞她了，可能會毀了我們之間可能發展的關係。

那天晚上我睡不好，腦海裡不停重播告白那一幕。但是，經過理性反思，我還是覺得我必須跟她告白。那是我心裡的感受，我憋不住啊。她愛耶穌，她愛其他人，個性裡沒有一絲冷漠或「高攀不上」。如果她看到有人衣衫破爛或窮困潦倒，她就會走過去對那個人說：「你今天過得好嗎？耶穌愛你。」她是個很棒的女孩，她跟我很登對，我深信不疑。然而，我是不是被愛沖昏頭，結果操之過急，毀了一切？

我不斷問自己那個問題好幾個星期，因為我的真愛告白搞得我們之間尷尬了好一陣子。現在我們沒有每天膩在一起了，所以我有很多時間分析推敲，每當跟她在一起，我就覺得我必須說服她我是正常的，接著馬上又擔心那樣做可能會適得其反，因為我可能會開始做一些不正常的事，試圖證明自己是正常的。我思緒混亂，開始胡思亂想應該怎麼做，反而無法自在地做自己。

現在我們沒有天天見面了，我不能找機會多見見她，因為這樣看起來會像是我在緊迫盯人。但是我也不能錯過任何可以見她的機會，因為這樣看起來會像是我因為她沒說愛我，而打退堂鼓。可惜當時我不知道有沒有一本書叫《太早告白怎麼辦》，可以供我參考尋找解方，我只能靠自己想辦法解決自己捅的婁子。

有一件事我很篤定，那就是除非她先對我說「我愛你」，否則我不會再對她說了，我不會重蹈覆轍。

傷心欲絕

我們之間的尷尬維持了幾個星期，感覺卻像好幾個月，還好最後我們又恢復到往昔，彷彿我沒有在她家的客廳丟那顆炸彈，我們的關係後來甚至更甚於以往。

從我的莽撞告白中恢復關係之後，我們認為時機成熟了，我必須讓傑森知道發生什麼事。我不知道要在什麼時候在什麼地方如何告訴他，我沒有演練要跟他解釋的整套說詞，但是我知道一有機會就得向他坦白。

有一次我們一群人到沙灘玩，機會來了，傑森和我單獨散步，他說：「我昨天晚上有跟梅麗莎聊天。」傑森會定期打電話給讀經小組的每個成員，關心他們的學習狀況。他談到打電話給梅麗莎的時候，我為他感到難過，因為從他開心的語調可以明顯聽出來，他仍舊喜歡梅麗莎。

「我有事必須告訴你，兄弟。」我終於說出來了。我停頓一會兒，好讓他知道「事態」嚴重。我不知道梅麗莎和她姊姊海瑟在遠處緊張地看著，握住彼此的手，祈禱我們的談話能夠順利。

「梅麗莎和我交往好一陣子了，我們都喜歡對方。」

「什麼?!」他問我是不是認真的，我說是，他微微發怒，這我可以理解。

我慌了起來，因為我發現這次談話絕對不會有圓滿的結局，我根本不敢期望傑森會說：「喔，沒關係，我很失望，但是我沒事的。」當然不可能。他聽到我的話之後很難過，非常難過，向他說實話比我以為的難多了。

「這麼多女孩，為什麼偏偏挑梅麗莎？」他問，「你明明知道我喜歡她啊。」

「我不是故意的。」我說。我想要解釋，卻無法啟齒，坦白說，就算說得出口，我也不確定我的解釋能不能讓談話氣氛好轉。

傑森心碎萬分，這是理所當然的，我說什麼都於事無補。

傑森很難過，我感覺得到我傷他很深，我跪到沙地上哭了起來。

「兄弟，真的對不起。」我說，「我完全不想要傷害你。」

但是我卻傷了他。

傑森是人見人愛的那種人，我當然也愛傑森。有一群人忠實追隨他，尤其是他的讀經小組，因為他是一個優秀的領導人，由衷關心他所帶領的人，他定期打電話關心團契學員就證明了這一點。

看在傑森和我的共同朋友眼裡，我就像個壞蛋，從他手中偷走了梅麗莎。我其實根本就沒有偷走梅麗莎，不過我還是被那一群人排擠了。我們花了好長一段時間才把傷治好，最後終於恢復了友情，我現在還是愛傑森，我們仍舊是好朋友。

然而，有一個人的負面反應完全出乎我的意料，那個人就是梅麗莎。

傑森受傷很深，許多我們的朋友都為他打抱不平，梅麗莎得知後，我們之間就漸漸出現摩擦。那麼多人認為我們做的事是錯的，這令梅麗莎困惑不已，難道我們在一起真的是錯的嗎。我試著說服她並非那樣，其他人不贊同我們相戀，單純是因為他們認為傑森受了委屈。他們不曉得我們對傑森是多麼小心翼翼，我們一開始守口如瓶，等到確定彼此之間的感情，我才向他吐實。

「我喜歡妳，妳喜歡我。」我告訴她，「我們全心喜歡對方，我們都愛主，這樣完全沒有錯啊。」

「我真的不知道。」她回答，「這一切似乎太混亂了，不可能是對的。」

我們繼續交往，但是我跟傑森那次談話的餘波，破壞了我們的關係。傑森和我還是朋友，梅麗莎和傑森也還是朋友，只不過友情明顯變得疏遠。

我把梅麗莎和我的事告訴傑森大約過了一個月之後，我們三個人一起去參加維斯塔的一個大學課程團契，前往茂宜島傳教。那次傳教收穫豐富，我們到茂宜島比較貧窮的非觀光區傳福音，見證了上帝施展神蹟，為居民的生活賜予恩典。

不過梅麗莎、傑森和我之間發生的事令我分心。我想，那趟傳教之行出現那麼多神蹟，我們都非常清楚上帝要我們到那裡的目的為何，因此我們必須全心專注於主，以及祂要我們在那趟旅程中完成的任務。

在一次休息時間，大家都在海灘上，梅麗莎和我獨處，她告訴我，她必須跟我分手，她的理由一樣是那些我一直絞盡腦汁辯駁的理由。

「我實在是認為這樣不對。」她說，「太多爭議、太多摩擦了。就現在發生的每件事來看，我實在不認為主贊同我們這樣做。我現在必須認真讀經。」

在各各他浸信會聖經學院，男生喜歡開玩笑說女生會用「聖經學院的方法」跟男朋友分手：「不是你的問題——我只是想跟耶穌在一起，他現在是我的男朋友。」

雖然梅麗莎不是對我那樣說，但是我覺得意思完全一樣。我傷心欲絕，雖然我只跟她說過一次我愛她，但是我始終深愛著她，深信她注定要當我的老婆。於是，我做了任何一個成熟青年被夢中情人甩了都會做的事：我哭得像嬰兒一樣，然後打電話給我媽。

「你們女人有什麼毛病？」我問我媽，「這太荒謬了。我以為她是我的天命真女！」

我心碎萬分，我不用說出來，我媽就知道了。她聽完我宣洩情緒之後，用一貫的冷靜細膩言語，把我的焦點從我的觀點導回到上帝的觀點。

「你別無選擇，」她提醒我，「只能保持耐心，相信祂。」

那麼，我掛斷我媽的電話之後，有蹦蹦跳跳跑到海灘，跟沿路遇見的每個人擊掌嗎？當然沒有。我還是傷心欲絕，我還是很困惑，我還是心碎萬分，這一切都沒有改變。不過我媽的建議讓我稍微抽離自己的所有感受，試著宏觀去看這趟旅行的緣由。

現在回過頭來看，我倒是發現梅麗莎在那趟旅行中跟我分手，生出了一個善果：我徹底心碎，於是在茂宜島的剩餘時間，我全心投入事奉上帝。在萬念俱灰的時候，我見證了上帝如何以神奇的方式運用我。

梅麗莎跟我分手之後，事奉上帝變成了我在那趟旅行中的唯一目的，我遇見人就傳福音，他們也都當場相信基督是救主！發生了一些不可思議的事，有一次我走向十五個聚在一起的孩子，開始跟他們聊天，他們對我敞開心胸，讓我感到受歡迎。我們聊得很開心，我一開始先分享上帝如何改變我的人生，接著說亞當和夏娃的故事，解釋罪惡是如何被帶進世界，基督如何承擔所有的罪惡。

「天啊，我愛耶穌。」我告訴他們，「祂改變了我的人生，祂也可以改變你們的人生喔。」

結果那群孩子最後全都低頭禱告，歸向基督。我有跟那群孩子合照，照片我還留著，每次看見我跟那十五個孩子的合照，我想到的不是自己做了什麼，而是聖靈做了什麼。就在我徹底清空自己、心灰意冷、自慚形穢的時候，主使用了我。

其實，說不定當時祂之所以能夠使用我，正是因為我徹底清空自己，心灰意冷，自慚形穢。

第8章

「只要有一個人」

梅麗莎和我仍舊有一群共同的朋友，所以她在茂宜島傳教時跟我分手之後，我們仍舊每幾個星期就會見到彼此，每次見面都讓我忐忑不安。

我們「稍微有點像是」短暫復合，但是後來她又跟我分手。

每次見到梅麗莎都令我心痛。

每次跟她共處一室，我只會跟她簡短問候，像是說「嘿」，但是大部分的時間我會躲避她。她仍舊嘗試跟我當朋友，想要打開話匣子聊天，但是我實在沒辦法面對她，更沒辦法接受只跟她當朋友。

一九九九年夏天快要結束時，我搬離瑪吉奶奶的家，我跟她住了大概一年半。瑪吉是個很特別的女人，而且她提供的食宿真的是上帝賜予的禮物。現在仔細想想，我才發現上帝把她放到我的生命裡，不單是要為我提供食宿。

我們討論得很盡興，我從她多年來事奉主的經驗獲益良多，聽聞她人生經歷的一些事故（包括喪夫）之後，我不禁感到訝異，她竟然從來沒有懷疑過上帝。她知道主與她同在，她愛主，而且她似乎料想自己很快就會到祂身邊。我記得瑪吉奶奶信仰虔誠，意志堅決如石，同時溫柔如水。

在維斯塔結識的朋友丹尼曾經問我要不要跟他一起住，當時我靠在教會唱歌賺了些錢，能夠分擔比較便宜的房租，只不過必須多吃一點鮪魚、蛋和拉麵，才能多存點錢（我吃過太多拉麵了，所以我現在完全不碰拉麵）。

我沒那麼常遇到梅麗莎了，但是仍舊經常思念她，非常想念跟她在一起的時光。十月時，一個朋友告訴我，說梅麗莎胃痛好一陣子，要去做檢查，找出原因。

她去做檢查的那天，我跟一群朋友到她家去探視她，檢查結果顯示，她有一顆良性的大囊腫，梅麗莎跟平常一樣樂觀開朗。

雖然到梅麗莎的家中探視她讓我覺得尷尬，但是能再見到她，我真的很開心。她看到我也很開心，但是，當然，她仍舊只想要和我當朋友。我們一群人決定去探視梅麗莎，是希望她知道我們都很關心她，但是我仍舊關心她勝過一般朋友，因此我不想要在她家逗留太久。

大概就在那個時候，另一扇音樂生涯的門為我開啟了。尚盧擔任製作人，幫我錄製了第一張音樂光碟，這張專輯收錄了十首歌，獨立發行，名稱叫作《讓我來承擔》（*Jeremy Camp: Burden Me*）。我們在聖地牙哥的地平線基督徒團契（Horizon Christian Fellowship）

錄音，著實感謝麥克·麥金塔（Mike MacIntosh）牧師的協助。

梅麗莎跟我分手之後，尚盧熱心指引與支持我，我至今仍感激萬分。當時我獲得愈來愈多機會到教會演奏，而且偶爾還是會跟吶喊合唱團一起演奏，音樂幫助我漸漸不再心懸梅麗莎，認真過生活。

最後我終於看開了，接受梅麗莎和我很可能不會再復合，我甚至不想要再跟她復合，因為是她跟我提分手（「稍微有點像是」兩次），我不想承擔再度受傷害的風險。

二〇〇〇年春天，一個朋友問我聽到梅麗莎的消息了嗎。

「囊腫又復發了。」他說，「醫生摘除了囊腫，發現這次是惡性的。」

惡性的？梅麗莎？

我要去醫院探視她，以普通朋友的身分，為她加油打氣。

到醫院要開九十分鐘的車，我在車上難過了起來，為了她而心情沉重。我們現在變成了關係疏遠的朋友，鮮少聯絡，不過我們曾經共度一段非常特別的時光，往日情感瞬間湧上心頭。

開車時我深刻自省，我知道這個時候我必須放下私情，扮演好一個朋友的角色，不能對她生氣，不能怪她跟我分手。她需要朋友，我這樣告訴自己。但是即使我已經決定放下過去往前走，卻仍舊無法否認我依舊真心關心她。

醫院裡的感動

我走去醫院服務台詢問梅麗莎的病房號碼，內心忐忑不安。我搭電梯到她所在的樓層之後，心裡開始焦慮了起來。

我踏出電梯，走到等候室，梅麗莎的幾個家人和朋友已經坐在裡頭，他們告訴我，梅麗莎被診斷出罹患卵巢癌，她接受了腫瘤切除手術，但是由於腫瘤具有侵襲性，她必須立刻開始接受化療。

聽到癌症有侵略性，她必須緊急開始化療，我驚惶失措了起來。梅麗莎的姊姊海瑟說她先去通知梅麗莎我來探視，我不想要唐突走進她的病房說：「嘿！我來了！」

我在走廊上慢慢走，讓她有時間知會梅麗莎。我快走到梅麗莎的病房時，她的爸媽馬克叔叔和珍妮特阿姨走出病房，他們滿臉愁容，但是似乎心平氣和。

他們為什麼要離開她的病房？我不禁納悶。我不知道該怎麼辦。我想要以普通朋友的身分去探視她，但是我會被當成回來探病的前男友嗎？

「嗨。」她的爸媽微笑抱住我說，「謝謝你來看她。」

馬克和珍妮特離開病房，我變得更加焦慮，因為我不想要跟梅麗莎獨處一室。我不知道會發生什麼事，癌症這個詞著實令人萬分惶恐。她剛接受過手術，我猜她看起來應該病懨懨的，悲傷難過。

我讓自己冷靜下來，深吸一口氣，打開門之後，不禁大吃一驚。梅麗莎笑容滿面，散發洋洋喜氣，褐色的大眼睛跟往常一樣明亮。

她為什麼那麼開心？她剛剛發現自己罹患癌症耶。我要是她，肯定萬念俱灰。

「妳還好嗎？」我問。

她的回答仍舊令我動容：「如果我因為這個癌症死掉，只要有一個人因為這樣而相信耶穌，我就死而無憾了。」

哇！回答得真感人！

我馬上感到慚愧，但同時也覺得平靜。感到慚愧是因為跟梅麗莎相比，我的信仰實在不夠堅定；覺得平靜是單純因為跟她在一起，看到她面對癌症還能相信永生。哪怕只有一個人能在天堂獲得永生，梅麗莎也願意受苦！我聽過別人說過類似的話，許多基督徒都希望能夠實踐這種情操，但是聽到罹癌的朋友躺在醫院的病床上說出那番話，會覺得那番話的意義截然不同。

我腦海裡浮現這段經文：「因為對我來說，我活著，是為基督；死了，更有收穫！」6我後來苦思為何當時會想到這段經文，頓然領悟保羅講的不只是上天堂所得到的益處，還有凡人因為目睹基督徒堅強面對困境而歸向耶穌，這些歸向耶穌的凡人也能夠獲得益處。

6〈腓立比書〉第1章第21節。

梅麗莎的床邊貼著基督徒歌手兼作曲家吉妮．歐文斯（Ginny Owens）的歌〈如果祢要我〉（If You Want Me To），梅麗莎用手寫下歌詞，最後一段歌詞十分扣人心弦：

請帶領我踏上回到祢身邊的路
如果祢要我走過山谷，我願意走

我後來有幸認識了吉妮，我告訴她，她那首歌對我們兩人著實意義非凡。那首歌的歌詞其實別具意義，尤其是「我會看著祢的雙眼，知道祢從未令我失望」這兩句，因為吉妮年紀很小的時候就失明了。

我不記得那天梅麗莎和我談了什麼，也不記得我們在她的病房待了多久，不過我清楚記得，我要離開之前，我告訴她說我會持續關注她的病情，有空就會來探視她。我要當她的好朋友。

真愛告白

從醫院開車回家途中，我也是心潮澎湃。梅麗莎一開始說「只要有一個人」的那番話，還有她泰然面對癌症，在在提醒我她對耶穌和對別人的愛，還有那正是我一開始愛上她的原因。

顯然我一直在壓抑對梅麗莎的感情，現在那份情愫再度湧現，為了讓自己釋懷，不再糾結於舊愛，我說服自己梅麗莎軟弱怯懦，其實我知道根本不是那樣，梅麗莎是個堅忍剛毅的女孩。

我的腦海裡開始播放我們在一起的往日回憶，以前我都會把這些回憶推開，因為回想起來痛苦萬分。過了那麼久之後，這是我第一次允許自己回想對梅麗莎的舊情，但是想到癌症不知道會帶給她什麼樣全然未知的未來，我實在悲不自勝。

我開著車，廣播剛好在播放吉妮．歐文斯的〈如果祢要我〉，我聽得淚水盈眶，心想再哭下去，可能就得把車停到路邊。

「主，發生什麼事了？」我問。接著我脫口說出這句話：「主，如果她對我說她愛我，我願意娶她！」

我不知道我為什麼說出那句話，不過我確定那句話出自肺腑。那天晚上我整晚都在幫梅麗莎禱告，哭個不停，好想回到她身邊。

隔天我打電話給爸媽，告訴他們我去探視梅麗莎，還有我對她舊情重燃了。我爸什麼都沒說，因此我問他有什麼想法。

「嗯，兒子。」他說，「如果你走這條路，你可能得照顧她一輩子，這你應該知道。這不容易啊，你有準備面對那樣的結果嗎？」

昨天晚上情緒激動，我沒考慮到這點，不過那一點都不重要。「有。」我告訴我爸，「我可以面對那樣的結果。」

我五月回去探視梅麗莎，當時她正在接受第一次化療療程，我以為化療會讓她很痛苦，或者至少很不舒服。去她家的途中，我心裡想：「她會跟我說她愛我。我知道她會說的。」

我到的時候，梅麗莎在自己的臥室裡，她那一陣子都覺得不舒服，所以躺在床上。我露出大大的笑容走進她的房間，想要為她裝出開心的模樣。「嘿，妳還好嗎？」我從她跟我打招呼的微弱聲音就聽得出來，化療很折磨人。

我們閒聊一會兒後，她臉色一變，彷彿有重要的事要說。

「傑洛米，」她開始說，「我始終不明白為什麼我們無法在一起，我知道你心裡的感受。我始終對你牽腸掛肚，但卻又有所保留，我以前不知道為什麼，現在我終於知道為什麼了。是上帝在為我做準備，祂要我獨自跟祂在一起，好面對這一刻到來，面對即將到來的考驗。」

我點點頭。

「我有東西要給你看。」她說。

她拿出日記，翻到她在我們分手期間所寫的地方，日記裡詳細記述她一直在為我和我未來的妻子禱告。「我對你念念不忘。」她繼續說，「我們分手後，我認識了一個男生，我跟他在一起的時候，沒辦法不去想你，總是希望他是你。這幾個月我不斷禱告，那天終於在醫院看見你，我就知道我愛你。」

我愛你。

她說了！我實在無法置信。我曾經希望能夠聽到她說這句話，我當然也幻想過能夠聽到這句話，我甚至覺得她會說她愛我，但是當她真的說出來的時候，我的回應卻完全出乎我的意料。

「這挺——嚇人的。」我告訴她，「我不知道我能不能回應。請給我一點時間。」

第9章 憑信心而行

梅麗莎說「我愛你」的時候，我剛好準備要去科羅拉多州演奏幾場演唱會，她體貼地告訴我，要我慢慢想，不用急，想清楚我們要維持什麼樣的關係。梅麗莎說她沒有要我給她任何承諾，她只是覺得必須跟我說她愛我，好讓我知道她心裡的感受。我告訴她，從科羅拉多州回來之後，我會再來看她。

我知道有些讀者看到這裡可能會想：「你在開玩笑嗎?!她才坦白說出她愛你，你也向上帝保證說她如果說愛你，你就要娶她。現在怎麼可以言而無信呢？」

我不是言而無信，違背向上帝說要娶她的承諾。婚姻原本就是重大的承諾，聽了我爸的提醒，我更恍然大悟，跟梅麗莎結婚可能馬上會面臨巨大的壓力。雖然我的個性是很有行動力的，但是未知的因素實在太多了，我需要時間思考未來我們可能會遭遇什麼難關。

一位科羅拉多州的演唱會主持人把一棟寧靜的小山屋借給我住，那裡非常適合禱告和沉思，待在那裡的那一天，我幾乎整夜沒睡，不停禱告，問上帝祂要我怎麼幫助梅麗莎。

在那個漫長的夜晚，我心情激動，無法入睡，隔天我在為晚上的演唱會做準備時，心裡猜想雅各（雅各伯）與上帝摔跤一整晚後，大概就是這種感覺。

我尋求上帝的時候，想到了〈雅各書〉（雅各伯書）第1章第5節的這段話：「如果你們當中有缺少智慧的，應該向上帝祈求，他會賜智慧給你們，因為他樂意豐豐富富地賜給每一個人。」

天吶，我這輩子有跟上帝求過智慧嗎？我自己沒辦法解答我接下來應該怎麼辦，我知道我說過我要做什麼，但是我不知道娶梅麗莎要怎麼配合上帝叫我發展的音樂生涯。上帝這樣回答我：你對我提出了請求，孩子，她如你所願回應了你對我提出的請求。你還想要什麼？

我清楚接收到這番話，不過我仍舊恐懼不安。我試著遵照〈馬太福音〉第6章第34節的指引：「因此，你們不要為明天憂慮，明天自有明天的憂慮；一天的難處一天擔當就夠了。」我試過之後發現，實踐起來不容易。在那趟旅程中，我結識了約翰・大衛・韋斯特（John David Webster），他是音樂家，住在洛磯山。他看出來我心事重重，提議我們倆開車到山裡兜風。他帶我到一個地方，我們坐在一顆巨大的岩石上面，眺望高山美景。那個地方優美如畫，不禁令人讚嘆上帝的鬼斧神工。

我跟約翰・大衛敞開心胸暢談，我跟梅麗莎的關係、我發誓如果她對我說「我愛你」我就娶她、梅麗莎的健康狀況不確定，我全都據實相告。

「如果你全心全意愛她，」約翰．大衛說，「你就不能心存任何恐懼。你得按照上帝給你的旨意去做，你不能考慮未來。主指引你去哪，你就去哪，其他的事，相信祂就對了。」

其他的事，相信祂就對了。

這句話在我腦海裡迴響，彷彿迴盪於科羅拉多州的山脈。我眺望著雄偉壯麗的景致，遙想上帝的大能。我坐在巨石上，不只我眼前看得見的一切，就連我看不見的萬物，都是祂所創造的。如果祂能穩穩掌控全人類，無疑祂也能穩穩掌控渺小的我，就像老童謠的歌詞所寫的，上帝把整個地球捧在雙手上。那自然也包括我囉。

深思這點之後，我只能對上帝說：「我相信祢！」

我信守對梅麗莎的承諾，我從科羅拉多州回來之後，立刻就去她家探視她。她說她一整天都好難受，覺得身體很不舒服。她的褐色長髮因為化療而日漸稀疏，不過梅麗莎一如平常，沒有太關注自己的情況，反而比較想知道我過得好不好，以及科羅拉多州的演唱會進行得順不順利。我們在客廳聊一會兒後，她說想要出去，到前側的草地上呼吸夜晚的新鮮空氣。

我很擔心她，因為儘管她不想洩露重重的心事，看起來卻明顯鬱鬱不樂。

「妳沒事吧？」我問。

「我沒事。」她說。

「發生什麼事？我看得出來妳有心事。」

「我沒事。」她又說了一遍。

我直接看著她的眼睛。「聽我說，梅麗莎，如果我們要結婚，妳就得把大事小事都告訴我。」

「結婚？你是在向我求婚嗎？」

我看得見她眼裡盈滿淚水，同時也感覺到自己的眼睛也是淚水盈眶。

「我愛妳。」我說，「我看見這一切都是上帝親手策劃的，是祂精心安排的；我看見祂把我們湊在一塊。」

我們仍舊哭個不停，但是同時也都笑了起來。

無庸置疑，這一刻是自然而然發生的，我沒有買戒指，求婚之前，也沒有先徵求她父母的同意。

我們走回屋子裡，她爸媽在裡頭。「嘿，我們可以跟你們談談嗎？」梅麗莎說，「我們要結婚了！」

她爸媽欣喜若狂。我跟他們相處得十分融洽，他們知道我和梅麗莎十分關心彼此，我們都深愛主。他們最想要的是女兒能夠快樂，我至今仍清楚記得那天晚上梅麗莎臉上滿心歡喜的表情。

我的收入只吃得起拉麵、鮪魚配蛋，我買不起訂婚戒指，梅麗莎的母親送她一只戒指，那是梅麗莎的祖母傳下來的。

儘管那天梅麗莎身子難受，還是照樣去跑步和走路，我到她家的時候，她剛運動完，還沒洗澡。她後來多次開玩笑，說以前她總是想像求婚的場面浪漫感人，結果我求婚的時候，她卻覺得「渾身汗水，髒兮兮的」。當然，我覺得她當時看起來很美麗，而且梅麗莎開玩笑之後也會再說，我當時的求婚其實比她幻想的更加美好。

我沒有告訴爸媽說我打算求婚，不過我有告訴他們，梅麗莎說她愛我，而且我向上帝承諾過，如果她說愛我，我就要娶她。我迫不及待想告訴他們我們訂婚了，但是我必須等等，因為加州和印第安納州有時差，我等到隔天早上才打電話給爸媽，我打電話回家的時候，我媽在家。

「我向她求婚了！」我激動地說。

令人憂心的急電

梅麗莎和我訂好要在十月二十一日結婚，就在短短五個月後，我們不想拖太久。我們倆都百分之百確定要跟對方結婚，所以似乎沒有理由等。我們想要在一起，我討厭在夜晚結束時跟她說「明天見」，我要每時每刻都陪著梅麗莎。

我也想要盡量幫她緩解化療的副作用，因為我們還沒結婚，我能幫梅麗莎的顯然受到侷限，不過她的家人十分體貼，允許我參與照護她。晚上有時候我在她家待得太晚想睡覺，她爸媽就會讓我在客廳的沙發上過夜。

梅麗莎跟一般接受化療的人一樣，有些日子會很難受，接受過化療或近身接觸過化療病患的人都知道，化療會讓人的身心飽受折磨。從醫療角度整體看來，梅麗莎的病情似乎逐漸好轉，不過癌症總是讓人蒙上一層不安的陰影，揮之不去。

梅麗莎和我都知道，此時此刻我們必須認真讀聖經，不只要自己讀，也要一起讀，從中獲得希望和力量。當時〈耶利米書〉第29章第13節這段關鍵的經文，助我良多：「你們找我，一定找得到；你們若一心追尋我，我保證讓你們找到。」我們專心尋求上帝，最後終於尋見了。我們一起去教會，即便有時候她因為化療而身體虛弱，我們也會去，她依舊用無比的熱情敬拜。

現在回顧，我發現在那段日子，我的信仰變得更加堅定，其中一個原因就是梅麗莎。縱然信仰堅定了許多，在梅麗莎身邊依舊令我感到慚愧，覺得我必須再加深信仰。我是認真想研讀聖經，渴望與主同行，但是我當時年少輕浮，讀經時難免會跟朋友開愚蠢的玩笑，敬拜的時候偶爾也會馬虎從事。不過梅麗莎就不一樣了，她總是全心向上帝敬拜，時常讀經和禱告。她似乎從來不會錯過可以跟別人談論耶穌的機會，她專心一意跟主建立關係，為祂樹立出色的典範。

有時候我們在一起，她會突然離開我，走去跟別人說話。我會在心裡嘀咕：「喂，怎麼把我當空氣？」不過我會看著她跟別人說話，分享耶穌。這也讓我頓然發現，我們周遭其實有很多機會可以傳福音，只是她有把握，我卻錯過了。她們聊完之後，我會觀察對方怎麼回應梅麗莎，看得我暗自驚嘆：「真是不可思議。」

我想我們的信仰也愈來愈堅定，自從成為情侶之後，我們就確信我們終究會成為眷屬，這股信心遮蓋了癌症帶來的不確定感。我們仍舊會擔心梅麗莎的健康，不斷禱告，盼望她能康復，不過我們都感到喜樂，因為我們知道是上帝把我們帶到彼此的道路上，而且開闢了一條道路，讓我們能夠走在一起。

靠耶和華而得的喜樂確實是我們的力量[7]。我們之所以能夠感到那種喜樂，是因為那種喜樂不是來自可能隨檢查結果和突然疼痛而改變的健康狀況，而是來自跟永恆不變的上帝建立關係，超越了我們在世上所面對的任何磨練。縱使梅麗莎對抗著化療造成的虛弱、疼痛和噁心，我們仍舊經常一起開懷大笑，我們學會了面對各種情況都心懷感恩，感到滿足[8]。她的頭髮掉光之後，我改叫她「光頭褐眼美女」，逗得她哈哈大笑。我每次那樣叫她，都是出自肺腑，不論有沒有頭髮，我都覺得她好美，因為梅麗莎不只外表美麗動人，內在更是完美無瑕。其實，我們規劃婚禮、展望未來共同的生活時，我覺得梅麗莎變得愈來愈美麗。

我們談論過要一起參與事工，我負責唱歌，梅麗莎對人有愛心，她負責照顧婦女和帶

7〈尼希米記〉（厄斯德拉下）第8章第10節。
8〈帖撒羅尼迦前書〉（得撒洛尼前書）第5章第18節。

領聖經研讀，這樣似乎再適合我們不過了。

梅麗莎在學校主修教育，想要當老師，我知道她會是個好老師，因為我觀察過她在教會裡跟孩子與青少年互動，她喜歡擁抱他們，對他們露出燦爛的笑容，讓每個人感覺她的笑容好像是專門獻給他們的。我也迫不及待想看到她跟我們的孩子在一起，我們談論過要生小孩，還有訂婚情侶喜歡幻想的大小事，像是在屋子裡追著小孩到處跑，帶孩子去參加體育活動、表演樂器獨奏會，或做孩子感興趣的任何事。

二〇〇〇年夏末，我們搭飛機到印第安納州參加喬伊．貝爾的婚禮，喬伊是我從年少就認識的朋友，我們一起去讀聖經學院。梅麗莎在我爸媽到加州探視我的時候就認識他們了，不過這是她第一次到我家拜訪。我很開心能跟她分享我的過去，梅麗莎天生善與人交，跟我介紹給她認識的朋友一拍即合。

我有一個朋友的媽媽也得了癌症，而且跟梅麗莎一樣正在接受化療，梅麗莎到他家幫忙煮湯給他的媽媽喝。梅麗莎了解我朋友的媽媽所經歷的痛楚，想要服事她，盡一點棉薄之力。

我們在印第安納州的時候，梅麗莎接到一通醫生打來的電話。檢查結果顯示她的子宮有惡性腫瘤，醫生要梅麗莎盡快接受子宮切除手術。這個消息令我們震驚萬分，如果梅麗莎把子宮切除，我們就沒辦法擁有小孩了。

我們回家後馬上去見醫生，我告訴他，我們會請全國各地、乃至於世界各地的人，幫我們禱告。

「如果你動刀之後，發現她的子宮沒有惡性腫瘤，」我問，「你就不會切除子宮，對吧？」

「這個自然。」他回答。但是接著他直視我，露出嚴肅的神情，要確定我了解情況有多嚴重，補了一句：「不過我們做過檢查，確實有腫瘤。很抱歉。」

結為夫妻！

醫生安排盡快動手術。我們拜託我們認識的每一個人，同時請他們拜託他們認識的每一個人，幫梅麗莎禱告，大家在手術過程中從頭到尾不停禱告。

我在醫院的走廊上踱步。「上帝，祢是治癒者，」我這樣禱告著：「我們今天需要祢的治癒能力，請治癒梅麗莎。」

等待的時間比我們預期的還要短，梅麗莎的媽媽跑向我。「腫瘤不見了！」她驚聲大叫：「惡性腫瘤不見了！醫生沒有切除她的子宮！」

我直接在走廊上跪下。「感謝祢，上帝！感謝祢！」我打電話給家人還有我想得到的許多朋友，興奮地分享這個消息：「上帝治癒她了！祂辦到了！」

外科醫生說在她的子宮裡完全找不到惡性腫瘤。梅麗莎手術後醒來得知這個好消息，我們一起喜極而泣，因為我們還可以一起生孩子。

她對於腫瘤被治癒的整個態度，彷彿她打從一開始就知道結果會是這樣。對我而言，我當然希望她能痊癒，也相信她能痊癒，但是我不確定她會不會痊癒。梅麗莎則深信不疑，她的信仰再次令我感到驚奇，也獲得鼓舞。

梅麗莎在十月七號滿二十一歲，十四天後，我們在聖塔菲牧場（Rancho Santa Fe）結婚，由我爸主持婚禮。

梅麗莎很開心她的頭髮剛好在婚禮時長了一點點回來，尖尖刺刺的，我們拿她的髮型開了幾個玩笑，她變成光頭褐眼美女時，我們也愛拿她的光頭開玩笑。

她穿著結婚禮服，美若天仙。她沿著中央走道走向我，臉上容光煥發，跟基督一樣，充滿平和喜樂。梅麗莎幫所有伴娘都選了白色的禮服，代表我們所象徵的純潔。

新娘和新郎原本應該是婚禮的焦點，但是我們希望用婚禮來尊崇與榮耀上帝，在婚禮上，教堂裡處處都能感受到聖靈存在所帶來的喜樂。我們一起唱「新頌樂團」（Hillsong）的〈住所〉（Dwelling Places），我們選擇用這首歌來表達我們對彼此的愛是根生自上帝，副歌是這樣唱：「我愛祢，我愛祢，我愛祢，我心將全心追隨祢。」

由於梅麗莎罹患癌症，到教堂參加婚禮的每個人，情緒顯然都因此更加激動。梅麗莎本來想要邀請她認識的每個人都來參加婚禮——實際有大約六百人出席——因為她希望大家都能聽到婚禮中宣揚的福音。

我們無力獨自負擔梅麗莎嚮往的那種婚禮，不過大家十分疼愛她，朋友們齊心幫我們籌辦盛大的婚禮，我想那應該是梅麗莎夢寐以求的婚禮吧。整場婚禮十分歡樂，梅麗莎顯然珍惜婚禮上的每一刻。

我們很開心傑森．達夫來參加婚禮，時間治癒了友情的傷口，我與他和好如初，我很感激他到場，藉此表達對梅麗莎和我的誠摯支持。

之後，梅麗莎和我搭飛機到夏威夷，享受兩個星期的蜜月旅行。她的阿姨和姨丈在那裡的海灘上有一棟房子，我們倆在那棟房子裡獨自住了一個星期，第二個星期她的阿姨和姨丈回來，我們倆就住在格局很像公寓的樓下。她的阿姨和姨丈也是上帝給我們的恩賜，因為我們自己根本負擔不起在夏威夷待兩個星期。我們還要到印第安納州探視我家人兩個星期，所以婚禮過後大約一個月，我們才會回到加州的家。

從飛機在歐胡島降落的那一刻起，那趟旅行的感覺就真的像是遠離塵世。隨著婚禮接近，梅麗莎也漸漸覺得身子愈來愈強健，蜜月旅行讓我們倆有時間獨處，而且不用應付化療，不用去給醫生看診。

蜜月旅行期間，我們就只是享受結婚，還有規劃未來的夢想。我們在海灘上散步，到海裡游泳；我們騎腳踏車欣賞沿岸風景；我們到外頭吃晚餐；我們待在屋子裡一起做菜；我們玩拼圖遊戲和過十關紙牌遊戲；我們想做什麼就做什麼，基本上，我們就是膩在一起。簡單說，我們徹底沉浸在結婚的喜悅之中。

跟梅麗莎結婚，錢不夠還能到夏威夷度蜜月，這簡直就像做夢一樣。

雖然在夏威夷能短暫忘卻梅麗莎在家裡所面對的健康問題，但是我內心仍舊感到一股沉重，不知道該如何徹底擺脫，我有時還是會想到她的健康狀況。

有一次我獨自在客廳想到她的狀況，我深思著〈哥林多後書〉（格林多後書）第5章第7節：「因為我們活著是憑信心，而不是憑眼見。」我感覺到上帝在我的心裡說：我知道你害怕，很多事你不知道，但是我現在不能告訴你。繼續相信我就對了。我知道我在做什麼。我知道我在做什麼。

上帝說的對——我不知道會發生什麼事。我甚至不知道可能會發生什麼事。儘管梅麗莎的健康看似日漸好轉，而且我們敢說惡性腫瘤逐漸消滅，但是我還是會怕。不過我想到上帝說要繼續相信祂，也想起了一些往事，證明為什麼我可以繼續相信祂。上帝一口氣把生命吹進我的身體裡，這輩子祂始終對我信守承諾。

我抓起吉他，沉思著兩個問題：當上帝說祂的手永遠會為我指引方向，我會相信祂嗎？我會在每一天的每一刻聽到祂說的話嗎？

我想出了〈憑信心而行〉（Walk by Faith）這首歌的歌詞：

（第一段主歌）

當祢說祢的手永遠會為我指引方向

我會相信祢嗎？
我會在每一天的每一刻聽到祢說的話嗎？

（副歌）
就算在看不見的時候，我也會憑著信心而行
因為這條崎嶇道路將通往祢給我的旨意

（第二段主歌）
請幫我消除無盡的恐懼
這輩子祢始終對我信守承諾
祢吹一口氣就讓我重獲新生
祢的恩典覆及我所做的一切

耶，耶，耶，耶，耶，耶

（副歌）

（連接段）
我悲傷難過，但是我仍舊能看到祢的臉
祢說話了，對我傾注恩典的話語

（副歌兩遍）

哈利路亞，哈利路
（我會憑著信心而行）
哈利路亞，哈利路
（我會憑著信心而行）
我會憑著，我會憑著，我會憑著信心而行
我會，我會，我會憑著信心而行[9]

我一直在讀聖經在說什麼，我一直在聽祂對我說的話，梅麗莎和我一直都信任祂。不過現在我必須面對一個重要的問題：我要憑著信心付諸行動嗎？副歌堅決地回答了這個問題：不論主帶領我到哪裡，我都會追隨祂，不論前方可能遭遇什麼阻礙。

我自彈自唱這首歌給梅麗莎聽。「真好聽。」她說。我們靜靜坐在那裡，我想我們都感受到相同的寧靜，知道上帝正帶領著我們，而且會繼續帶領我們一起面對各種艱難險阻。

幾天後梅麗莎說她肚子痛了起來。「肚子感覺很奇怪。」她說，「好像腫了起來。」她的眼神流露出深深的憂慮。

「說不定妳只是吃壞肚子。」我告訴她。我們在旅行期間吃的食物都跟我們平常吃的不一樣。我在客廳坐下，緊張了起來，希望梅麗莎只是消化不良。面對得癌症的人，你雖然會希望她痛是小毛病所引發的，但還是會擔心問題可能很嚴重。

蜜月旅行的其餘時間，我們還是很開心，不過因為完全不用做日常瑣事，我們有很多時間可以想東想西，偶爾我自己獨處的時候，會回想到梅麗莎說肚子痛，不禁擔心起來，有幾個晚上甚至難以入睡。

我盡量裝得若無其事，不過我想梅麗莎感覺得出來我在憂慮害怕，我看得出來，她也在擔心身體裡出了什麼毛病，不過她總是只表達對我的關心，不曾說出對她自己的憂心。

「你沒事吧？」她會這樣問我。

「我沒事。」我會這樣說，心裡訝異她關心我更甚於關心她自己。

9〈憑信心而行〉，傑洛米．坎普作詞。

第10章 尋求希望

梅麗莎和我從夏威夷搭機回到印第安納州，我們在印第安納州舉辦招待宴會，宴請沒辦法到加州參加婚禮的親朋好友，一位有去參加婚禮的朋友也要結婚了。

當時的天氣對於印第安納州的秋天而言，算是相當溫暖。我爸媽的家蓋了一條新的車道，正在灌漿，家裡的每個人都赤腳踩到濕泥漿上，我覺得「歡迎新媳婦變成一家人」最誠摯的方法，莫過於讓她在公婆家的車道上留下腳印！在所有的腳印下面，我們寫下了〈以賽亞書〉第52章第7節的這段經文：「那爬山越嶺而來的使者，他的腳蹤多麼佳美！他奔跑來報好消息——是和平的好消息；是得勝的好消息。他對錫安說：『你的上帝掌權了！』」

我媽去幫我朋友搭設與布置婚禮場地，梅麗莎也想要幫忙。不過她身體不適，我媽不希望她過度勞累。我媽勸梅麗莎一定要休息，說化療、婚禮的大小事，還有從夏威夷回到中西部的長時間時差，她大概累壞了。

我爸媽憂心忡忡。我告訴他們，我們一回到加州，我就會馬上跟梅麗莎的醫生預約看診；我也告訴他們，我很期待回去加州的家。梅麗莎已經把我們的公寓裝修好了，結婚一個月後，我們終於要搬進我們的家了。

我們回到家之後，我幫梅麗莎預約看診，當時正值感恩節前後，海瑟回家探視家人。海瑟後來告訴我，她和梅麗莎在臥房獨處時，她看得出來梅麗莎身體不適。

「怎麼了？」海瑟問。

梅麗莎掀起一部分的上衣，拉海瑟的手去摸她的肚子，海瑟摸得到她的肚子裡長滿腫瘤。她們一起哭了起來，祈禱上帝治癒梅麗莎的病，不管那是什麼病。

醫生幫梅麗莎檢查過後，說她的腹腔裡有積液，必須抽掉。抽積液的時候，我緊緊握住她的手，看到她的臉上不斷出現痛苦的表情，我感到好無助，看得好心痛。醫生把液體拿去檢驗，結果出爐後，他進入梅麗莎的病房，請我到走廊上單獨談談。

噢，不，我從椅子上站起來走向房門的時候在心裡驚呼。

「結果如何？」到病房外醫生還沒機會開口，我就先問了。我看見他眼裡流露出憐憫之情，他知道我們才剛結婚。

「我擔心癌症——唉，擴散到她的全身了。」他告訴我，「癌症復發了，而且轉移到她身體的其他部位了。很抱歉必須告訴你這個壞消息。」

聽到這個消息，我感覺就像被揍了一拳，不過這只是要我注意的小刺拳，而不是把我擊倒的重拳。我當時剛寫完〈憑信心而行〉，心裡還燃著「我們可以打敗病魔」的鬥志。我們以前也聽過壞消息，而且梅麗莎後來痊癒了，所以這次我也準備要擬訂行動計畫來對付這個新難題。

「好吧，那現在我們該怎麼辦？」我問醫生。

他沒有馬上回答，而且我不喜歡他那樣緊緊盯著我的眼睛看。

「沒辦法了。」他說得緩慢，「我們無計可施了。」

「這話是什麼意思？」我問。

「我們的治療選項非常少，傑洛米，她大概剩下幾個月、甚至於只有幾個星期可以活。」

我不記得談話是怎麼結束的，我只記得最後我獨自在走廊上，心裡明白我必須盡快冷靜下來。接著我走進病房，把情況告訴梅麗莎。

醫生把我叫到病房外，她一定知道有壞消息，我看得出來她剛哭過，她可能也從我的眼睛看出我剛少哭過。

我坐在她的病床旁邊，把醫生告訴我的話再說一遍，我們倆都崩潰痛哭，最後她試著安慰我，不過我們沒有多說，只是默默等著院方讓她出院回家。

我開車回家的時候，仍舊無法置信，我們當時談了什麼，我全然不記得了，只有她說的一件事，我至今仍舊能夠清楚聽見她當時說話的聲音：「我要你知道，如果我走了，你可以再找別人，你不用等，你不用為我哀傷太久。」

我無法了解為什麼她要跟我說那些話。「我們現在在打仗。」我告訴她，「我還要繼續奮戰。」

梅麗莎並不是選擇棄械投降，她只是接受現實情況，開始盤算未來，想幫我解決我以後要面對的問題。

我打電話告訴爸媽醫生的報告。

「哈囉？」我媽接起電話說。

我想說話，但卻說不出口。我又試了一遍，還是說不出口。

我媽掛斷電話。我等了幾秒鐘，讓自己冷靜下來再撥打號碼，不過這次沒人接電話。

於是我改打給姊姊四月。

「哈囉？」她接起電話說。

我想說話，但是一樣又說不出口。四月也斷電話，於是我再打一次。

她接起電話，我又說不出話來，於是她又掛斷電話。

我再打第三次。

「拜託別掛電話。」她接起電話後，我好不容易說出這句話。

四月沒掛電話，我難以開口說話。

「他們剛剛告訴我，」我好不容易說出來，「梅麗莎只剩幾個星期到幾個月可以活。」

我告訴四月，說我打電話給媽媽，但是她掛斷電話，我打第二次，她就沒接了。爸媽沒有手機，但是四月說她知道爸媽跟銀行老闆有約，她會幫我找爸媽。四月打電話到銀行，銀行老闆的祕書走進他的辦公室，告訴我媽說四月打電話來，我媽聽到心一沉。她知道四月打電話到銀行，表示有非常嚴重的事情發生了。四月把我說的話告訴我媽，我媽立刻離開銀行，回到家後打電話給我。

「我們馬上過去。」我媽告訴我，「我們會想辦法趕過去。」

「不，先別過來。」我告訴她，「我先看看能不能幫梅麗莎找到不同的治療方法，我們會找看看可以接受哪些治療，我還不知道我們會不會待在這裡，所以妳們先等等。」

戰鬥、相信與敬拜

我們立刻就清楚發現，我們不會孤軍作戰。過去幾個月，我們窮盡全力請求許多人幫梅麗莎禱告，這次收到醫生告知的壞消息之後，我們再度利用禱告網路。

牧師、教會同工和朋友紛紛來到我們的公寓為梅麗莎禱告，為她抹油。在他們的探視中，有幾次我們感受到敬拜與讚美的強大力量。住在遠方的親朋好友紛紛跟我們聯繫，告訴我們他們正在幫梅麗莎禱告，相信她會痊癒。

雖然得知醫生診斷她的癌症復發，我們大失所望，但是我們也信心十足，相信主會治癒她。看見她受苦，我真的好難受，我好希望她能快點痊癒。

「拜託，上帝。」我會這樣禱告，「請治好梅麗莎。」

我媽幾乎每天都會打電話來，跟我們分享上帝賜予她的一段經文，經文裡充滿鼓勵、勸戒和安慰，在困境中提醒我們上帝的慈悲，勉勵我們向作為典範的聖徒們看齊，他們從火中行過，信仰反而變得更深。

我們獲得了財務方面的禮物，萬分感激喬伊·布蘭（Joey Buran）。喬伊是入選名人堂的衝浪選手，外號叫「加州小子」，後來成為柯斯塔梅沙各各他浸信會（Calvary Chapel Costa Mesa）的牧師。他最近創立了一個青年團契，叫作「敬拜世代」（Worship Generation）。我偶爾會到喬伊的活動中演奏，我們因而結為好友。

喬伊得知梅麗莎的癌症復發擴散後，他開始向他的會眾與「敬拜世代」的現場連線廣播節目中談論梅麗莎的事，他懇請大家捐款給我們，公布我們的郵寄地址，於是朋友和我們根本不認識的人紛紛寄支票和鼓勵信給我們。

多虧有那些禮物，我才能少接一些演唱會和教會禮拜的表演工作，多花點時間陪梅麗莎。大概每三天我就得帶梅麗莎到醫院抽腹腔積液，她的腹腔蓄積了好多積液，有幾次看診，抽除多達七公升。

我很討厭帶梅麗莎去抽除積液，因為那很痛，每次看到她皺眉蹙額，臉皮抽動，聽到她輕聲呻吟，我就會焦急祈求上帝趕緊治好她，讓她不再疼痛。看著妻子挨痛卻無能為力，實在令我感到好無助，我知道我在梅麗莎身邊對她大有助益，但是看著她承受疼痛，我覺得自己好無能。

我們回到家之後，她還會繼續痛。梅麗莎很堅強，總是刻意不去理會痛楚，但是我記得有一天晚上，她躺在客廳的沙發上痛苦呻吟。

「你可以拿吉他過來嗎？」她問我，「我們可以來敬拜嗎？」

我完全沒料到她會提出這樣的請求，但是我趕緊拿出吉他，坐到她身邊，我們唱著〈對我好〉（Good to Me）這首歌。

在歌詞中「因為祢是慈悲的」這句話反覆出現幾次，我一直低著頭、閉著眼睛唱，有一次我唱到「因為祢是美好的」，我抬起頭來看梅麗莎，看見身體虛弱又承受著痛苦的她跟著唱，同時高舉雙手敬拜主。下一句我實在唱不出喉嚨，因為看到她堅定不移的信仰，我不禁崩潰。

不管承受多大的痛楚，梅麗莎仍舊繼續讚美上帝。我會聽到她告訴上帝：「祢是美好的。即便身陷苦境、承受痛楚，祢仍舊美好。雖然我們的境遇不合理，但是祢卻是美好的。」這讓我想到小時候我聽過我爸講這句話講了很多次：「人生是艱難的，但是上帝是美好的。」

我們知道上帝可以瞬間親自治好她，或是透過藥物和具有上帝賜予的治病能力的醫生來治好她。除了不斷禱告，我們也嘗試全人治療，像是改變梅麗莎的飲食、喝紅蘿蔔汁、吃蒜頭湯和據信能對抗癌症的其他食物。

我們還到墨西哥探尋治療祕方。我們前往提華納（Tijuana），到一間破舊的醫院求診，他們會派大型豪華轎車接送在美國無藥可救的病患，醫院裡的護士穿著全白的制服，戴著上頭有紅十字的白色帽子。他們給梅麗莎的藥是我們在美國買不到的，看完診後，我們開車穿越邊境回到美國，帶梅麗莎再到醫院抽腹腔積液。

我們也搭飛機到德州休士頓，到安德森癌症中心（MD Anderson Cancer Center）求診。到休士頓之後，我打電話給我媽。「這趟很辛苦，因為她非常虛弱。」我說，「我買了一台輪椅給她坐，因為她非常虛弱。」

我們很樂觀，因為美國一家治療癌症的頂尖醫院提出了正面的報告，而且安德森癌症中心的醫生也給了我們一些希望。他們告訴我們，梅麗莎的癌症是第三期，不是第四期。他們還說，她在加州接受的治療很恰當，只不過太早結束。他們建議我們請她的醫生再重新治療，病情或許會好轉。安德森癌症中心的醫生還告訴我們，有一些小事是我們可以做的，或許幫得了她，像是增加她的蛋白質攝取量。

不過我們從休士頓回來後，梅麗莎的體重開始快速降低。

因為梅麗莎一直無法把食物吞下肚，所以她必須在醫院度過聖誕節。她的妹妹梅根必須在聖誕節接受緊急手術，她們的家人想辦法將她們的病床安排在同一間病房。梅麗莎本來很難過，因為必須在醫院度過聖誕節，但是梅根變成她的室友，她的家人在病房擺設一些裝飾品，營造節慶氣氛。

梅麗莎出院後，抽積液的相隔時間愈來愈短，她的疼痛愈來愈劇烈與頻繁。

我想為梅麗莎變得堅強一點，但是實在好難，有幾次我趁梅麗莎聽不到我說話的時候，打電話給爸媽。

爸爸或媽媽接起電話後，我馬上崩潰痛哭。

「我好難受。」我這樣說。

我認為自己是在跟梅麗莎並肩作戰，我想要鼓舞她，但是有時候我會暗自自暴自棄，心想：我再也撐不下去了。這實在太難受了——太痛苦了。

不過每次，上帝都會賜予我一股力量，讓我能夠繼續戰鬥。梅麗莎似乎也知道我需要什麼，因為她會提議：「我們來敬拜主吧。」坦白說，許多次她那樣說的時候，我根本一點都不想要敬拜。不過每次，因為她想要，我還是會拿吉他一邊彈奏，一邊跟她一起唱，讚美上帝的一切美好。一次又一次，上帝利用敬拜的時間再次賜予我們只有祂能給予的力量。

我們繼續相信上帝，我們仍舊會談論未來，甚至繼續夢想有朝一日能夠有孩子在家裡跑來跑去。有個朋友送我們一本兒童繪本作為懷抱希望的禮物，我們緊緊抓住那本書作為象徵，勇敢想像未來會更好。

第11章
「時候到了」

梅麗莎生病的時候，我沒有參與太多音樂表演，因為我想要盡量陪著她，我們不想浪費能夠在一起的一分一秒，所以我只有參與少數幾次演奏活動，梅麗莎如果身體撐得住，都會陪我去。

「地平線基督徒團契」邀請我參加聖地牙哥會議中心的除夕外展事工團，當時梅麗莎已經難以步行，卻要坐輪椅跟我一起去，她光是到那裡，就得耗費很大的氣力。

在那天晚上的表演中，我第一次公開演唱〈憑信心而行〉，我跟觀眾分享這首歌背後的故事，講梅麗莎的事，還有我在蜜月旅行期間如何寫出這首歌，還有蜜月旅行之後發生了什麼事。

接下來我開始唱，但是坦白說，我唱著歌詞，卻完全感受不到歌詞的感動，我希望觀眾不會覺得我這首歌寫得虛情假意，因為真的不是那樣，這首歌是我發自內心深處寫下上帝在我迷惘的時候如何照看我，而且我相信祂告訴我這些話，是要運用我的音樂照看其他人。過去十年間，我真的聽到有好幾百人告訴我，那首歌是如何幫助他們。然而，那天晚上因為梅麗莎的健康惡化，我的腦袋思緒混亂。

梅麗莎坐在輪椅上，待在舞台邊，歌曲接近尾聲時，我唱著哈利路亞，往左看著梅麗莎。她骨瘦如柴，臉形瘦削，我知道她變得多虛弱，但是她仍舊高舉雙手，用盡全力唱：「哈利路亞。」哈利路亞翻譯自希伯來文，意思是「讚美主」。

她正在與主親密交流，正如她在帕洛瑪學院讀經小組第一次引起我注目的時候一樣。儘管她的外表跟當時迥然不同，但是經歷這一切磨難，她對上帝的信心不只沒有消滅，甚至更加堅定。

我看見梅麗莎讚美上帝的時候，我感覺到聖靈彷彿一陣強風似地吹在我身上，我在舞台上感受到祂那不可思議的力量，那股力量同樣在我需要的時候灌注到我身上。

我心想：「好的，咱們繼續奮戰吧。」

然而，過不了多久，我害怕的那一天就到來了，我甚至逼自己不要去想像那一天到來。梅麗莎需要待在醫院接受全天候照顧。

在那之前，梅麗莎的媽媽和姊姊海瑟幫忙在家裡照顧她，家人以外的朋友也有幫助我們，梅麗莎需要我們持續不斷照顧，長達幾個星期。她很容易脫水，所以我們必須幫她更換補水袋。半夜時，設備的嗶嗶聲會叫醒我，通知我該更換補水袋，以免她脫水；夜裡我也會自己醒來，查看她有沒有狀況，所以我睡得不多也不好。

梅麗莎的疼痛大概是令我最難受的事，她的疼痛不只惡化，而且愈來愈頻繁。有一種止痛針，我會幫她打，但是如果等痛到太厲害才打就來不及了，止痛藥就沒辦法有效止痛。有一次她因為劇痛而醒來，我動作不夠快，沒有及時幫她打止痛針，那天晚上是我這輩子最痛苦的一個晚上，看著她痛不欲生，深深覺得是我的錯，是我害她挨痛。有些日子她會很難受，有些日子她會痛到變得暴躁易怒，這我們都能夠理解。但是我卻不曾聽過梅麗莎埋怨疼痛或懷疑上帝。

我始終待在她身邊，不過偶爾她會深情款款地看著我說：「我需要跟主獨處一下。」我不會離開公寓，這樣她有事找我的話，就不用大聲呼叫，我會到浴室禱告。

「上帝，我是認真的！祢得幫幫忙啊──帶她回家，或者幫她止痛，或者把她治好。別再讓我們這樣繼續徬徨失措……」

不過梅麗莎的痛不只沒有消失，反而變得愈來愈持久，我們再也沒辦法在家給予她需要的照護。讓梅麗莎待在醫院，感覺就像朝終點走近一步，永遠無法再倒退。如果上帝不顯神蹟治好梅麗莎，她和我有可能會從此無法再一起待在家裡，想到這裡著實令我痛心。

梅麗莎住院短短幾天，病情就明顯惡化，一位醫生說他們會全力「讓她保持舒適」，我不喜歡聽到這樣的說法，聽起來好像那位醫生打算放棄了。我既疲憊又心寒，拿醫生出氣，當著他的面咆哮：「不行，我們不要等死！我們會祈禱她能康復，相信主，不會放棄，直到最後一天！」

還有，一位醫生——我記不得是不是同一位醫生——送梅麗莎一本書，我無意間聽到他告訴梅麗莎，說那本書是在教人如何準備面對臨終。那位醫生走出病房後，我攔下他。

「喂，不准給她那本書，然後直接說她會死。」我告訴他，「因為我們會繼續懷抱希望直到最後一天。**不准**做那種事。」

「聽我說，」醫生冷靜地告訴我，「你得面對現在發生的事，你得面對現實啊。」

「現實，」我回答，「就是上帝能夠治好她。」

我仍舊相信上帝能夠治好梅麗莎，因此繼續禱告，希望祂治好梅麗莎。梅麗莎睡覺的時候，我會坐在她的床邊，看著她，看著連接到她身上的醫療監視器，仔細觀察數字有沒有任何微小的變化，不論是增加或減少。我會不停禱告：「上帝，請治好她。請治好我的妻子。」

我通常把枕頭擺在病房的磁磚地板上，躺在地上蓋條毯子就睡。我不喜歡離開她身邊，但是偶爾我會到樓下的醫院教堂睡覺，因為裡頭長椅有椅墊。

我們的家人從頭到尾都陪著我們，朋友也不斷進出等候室，送鮮花和鼓勵卡片給我們，為我們禱告。梅麗莎一輩子最關心的都是別人，即便到此刻還是一樣，她問候訪客時，都會詢問他們的近況如何。她會拉起別人的手，用盡全力緊緊握住，對他們微笑，一定要讓他們了解，她不只感激他們來探病，更感激他們本身。

梅麗莎總是善於判斷應該在何時鼓勵別人，也知道該怎麼做。有一天早上，我爸媽跟她坐在一起，她告訴他們：「我要你們知道我多愛你們，你們是我向主祈求的公婆，是主把你們帶到我的生命中。」

她喜歡玫瑰，尤其是黃色和紅色的玫瑰，病房裡似乎總是有別人送她的玫瑰。梅麗莎會送訪客一朵玫瑰，然後為他們禱告；她還會請家人送玫瑰去給她認識的人，她爸會利用送玫瑰，每天跟其他病患一起禱告。

梅麗莎仍舊喜歡唱歌，朋友們會帶吉他到她的病房，彈奏敬拜歌曲，她就跟著唱和。有一天她特別累，我看著她說：「我們會擊敗病魔的。」

她開始柔聲唱：「耶穌愛我，這我知道。」接著我們一起唱，她舉起乾瘦的雙臂，舉得沒有像平常那麼高，但是她還是盡量舉高，唱完那首歌一兩分鐘後，她就睡著了。

梅麗莎在醫院待了多久，我至今仍舊記憶模糊，不過我想我們在醫院應該是待兩個星期左右。由於病情不斷惡化，她最後被換到加護病房，好獲得更嚴密的醫療照護。搬到加護病房幾天後，她開始反覆陷入昏迷，醒著的時間變得愈來愈少，不過醫護人員能夠用高劑量的藥物，更有效控制疼痛。看到梅麗莎的疼痛緩解，雖然令我感到寬慰，但也令我更加後悔，當初不該對那位說會幫梅麗莎保持舒適的醫生發洩怒氣。

梅麗莎每次要接受注射或治療程序之前，都會跟每一位醫生一起禱告。有一位護士密切注意梅麗莎和她身邊的我們信仰多麼堅定，那位護士看見梅麗莎禱告，聽見她唱讚美主的歌，感覺病房裡氣氛平靜，也因而發現自己的生命裡少了某種東西。

梅麗莎一直為那位護士禱告，同時也請陪伴她的我們幫那位護士禱告，有一天梅麗莎的爸爸跟那位護士一起禱告，她終於請耶穌進入她的心裡，當她的救主。

我想起梅麗莎之前說的話：「如果我因為這個癌症死掉，只要有一個人因為這樣而相信耶穌，我就死而無憾了。」

梅麗莎聽到護士信主的決定時，已經有氣無力，但是得知自己在受苦中不辱使命，她還是哭了出來。我想這肯定是上帝送給梅麗莎的大禮，彷彿在告訴她：妳說的話，我幫妳實現了。我要妳親眼看見它實現。

「記得『只要有一個人』那番話嗎？」我對梅麗莎說，「這只是開始而已，還會有很多人的。」

回到耶穌身邊

有一天晚上，梅麗莎在睡覺的時候，我感應到主要我帶著吉他，到隔壁的開放等候室閱讀〈詩篇〉，〈詩篇〉多次撫慰了我的心靈。大衛（達味）的詩寫出他對上帝的一片至誠，大衛的詩裡有個明確的轉折：他把自己經歷的磨難和痛楚向上帝訴說，問上帝為什麼他必須接受磨難，最後他聲明相信上帝，相信上帝永遠是仁愛慈悲的。

我開始讀之後，旋即感受到上帝指引我去讀〈詩篇〉119篇，第153到154節寫道：「求祢俯視我的苦難，求祢救我，因為我沒有忽略祢的法律。求祢為我伸冤，釋放我；求祢照祢的應許救我。」

「救我。」這正是我需要的——救我。在那個空無一人的房間裡，我寫下了〈救我〉（Revive Me）這首歌。

（第一段主歌）
求祢俯視我的苦難，求你救我
求祢為我伸冤，釋放我
邪惡之徒無法獲救
因為他們不探尋祢的話
祢的溫柔仁慈，偉大高貴，主啊

（副歌）
求祢救我，照祢的慈愛
求祢救我，好讓我探尋祢的話
求祢救我，照祢的慈愛
求祢祢救我，噢，主啊

（第二段主歌）
祢指引我理解祢的話
探尋祢的臉，就能獲得平和
我渴望獲救
我的雙唇將讚美祢的名字
在祢的寶藏中，我滿心喜悅

（連接段）
因為我的一切道路都在祢面前
我讓祢的手來幫助我
我的靈魂渴望與敬愛祢
讓我在祢面前哭，噢，主啊[10]

寫完最後幾個字後，我回到梅麗莎的病房，她醒著，我問她能不能唱這首歌給她聽。

淚水滑落我們的眼睛。

「很好聽。」她說。

「這首歌是上帝賜予我的，要幫助我們度過難關。」我告訴她。

接下來幾個小時，梅麗莎的回應變少了，我們看得出來，她的身體逐漸衰竭，她的壽命快要結束了。

我們有大約十個人在梅麗莎的病房，依舊哭個不停，祈禱她能夠康復。她幾個小時前回應過我們，之後就一動也不動了。我們的朋友，地平線教會牧師麥克．麥金塔，走到我身邊低聲耳語：「我想你必須讓她知道沒關係的，她可以去主身邊了。」

我對麥克輕輕點頭，跪到梅麗莎身旁，把嘴巴湊到她的耳邊：「沒關係的，親愛的，我們會為妳高興的，妳儘管去主身邊吧。」

幾分鐘後，我們的媽媽開始唱歌，梅麗莎突然在床上坐直身子，用手摀住她們的嘴巴，彷彿在說：「不，我還沒有要走！」她變得焦躁，在床上坐臥不安。我們開始禱告。梅麗莎拉扯著自己的腿，叫我們把床邊的圍欄放低，她想要起身。

我們告訴她不行，不過接著我們全都猛然大悟，是不是上帝把她治好了，於是我們趕緊把圍欄放下來。梅麗莎把雙腿移下床，站起身，直接看著我的眼睛。

「癌症消失了。」她說，「癌症消失了！」

我不知道該如何回應。

「傑洛米，你要相信我啊。癌症消失了！」

10〈救我〉，傑洛米．坎普作詞。

我愣住了，問她是什麼意思。「妳痊癒了嗎？」

「對啊。」她回答，「癌症完全消失了。」

病房裡的人瞬間全都歡喜雀躍起來。我抱住梅麗莎，我弟弟雅列抱著我們倆，我和梅麗莎的媽媽也蹦蹦跳跳起來，互相擁抱。我們全都欣喜若狂，感謝上帝治癒她。

梅麗莎想要走路，結果卻癱倒，要不是一位朋友扶住她，她就摔到地上了。她說她要上廁所，我們告訴她還不能去上廁所，因為她身上插著許多管子，必須再等等。我們扶她回到床上，她躺回床上，臉上露出無比祥和的神情。

我走到病房外，開始打電話給朋友們，把剛剛發生的事告訴他們。「我想，或許上帝把她治好了。」

梅麗莎那天睡睡醒醒，偶爾坐起身來聊天。她的眼神呆滯，我們以為是藥物造成的。我們期盼藥效消失之後，她能夠馬上恢復原本的樣子。病房裡重新充滿活力。她醒來說話的時候，我們會盡量跟她聊天，直到她慢慢睡著。她睡覺的時候，我會到外頭的走廊，或去散散步，驚嘆梅麗莎有可能痊癒了。

但是過了幾個小時後，她又變得比較沒有反應，生命跡象變得微弱，看起來比之前更虛弱。

我一頭霧水，她到底有沒有痊癒啊？我回到隔壁的等候室，心力交瘁，趴在地上大聲痛哭：「主啊，到底是怎麼一回事啊？」

我趴在地上，淚流滿面，哭求上帝告訴我答案。

接著，我察覺有別人在，抬頭看見一位朋友站在門口。

「傑洛米，」他用哀戚的語氣說，「時候到了。」

我從地上站起來，開始走向她的病房，感覺好像走了很遠，弟弟和爸媽陪我一起走。

雅列眼神流露出哀傷，把我攔下來抱住，我們倆緊緊相擁，他痛哭了起來。「還沒結束。」雅列說，「大嫂還沒死。」

我們朝梅麗莎的病房走了幾步，不知怎的，我忽然想到：雅列還只是十幾歲的青少年，心智還在發展，此時可能是他信仰上帝的關鍵時刻。我想要讓他安心與基督同行。

我抓住雅列的身體，面對面看著他。

「不論你做什麼，」我告訴他，「絕對要繼續事奉耶穌。我們生活的世界確實充滿罪惡，令人失望，但這不表示祂沒有在治理。」

雅列點點頭。

我走進梅麗莎的病房時，感覺雙腿發軟，房裡除了光碟音響播放敬拜音樂之外，一片安靜。我走向梅麗莎，撲到她身旁的床上。我抱住她。「我愛妳。」我說。

二〇〇一年二月五號星期一半夜十二點五分，海瑟輕聲說：「她現在跟耶穌在一起了。」

我翻身下床，跌落到地板上，身子蜷縮成球形。梅麗莎的家人開始敬拜主，舉起雙手，跟著光碟音響一起唱。接著我媽也開始唱，最後我爸和我們的其他家人也跟著唱。

我一點也不想唱，我只想待在地板上哭。

不過就在此時，上帝對我的心說話了：我要你站起來敬拜我。

噢，上帝，不！我現在不想要站起來敬拜。我真的做不到。

我媽用母親溫柔但又堅決的口吻告訴我：「孩子呀，你必須舉起雙手，你必須敬拜主。」

我知道不論遭遇再怎麼痛苦心碎的時刻，我都必須相信上帝，祂仍舊值得讚美。我緩緩起身跪著，接著爸媽扶我站起來。我開始跟著其他人圍繞著梅麗莎的病床，舉起雙手唱歌。

我從來沒有像當時一樣那麼強烈感受到上帝的存在，梅麗莎的身體毫無生氣地躺在我們面前，但是我知道她的靈魂正在敬拜她的主和救主。她與她的君王同在，不再痛苦，不再受難。

這趟旅行對我們所有人而言都很漫長，令我們心力交瘁。我覺得沒有氣力自己行走了，於是我把雙臂搭在我爸和一位好友身上，他們扶我走出梅麗莎的病房。

信任的時刻

那天早上，我在我們的公寓醒來，第一個躍入我腦中的想法就是，我會接到電話，通知我梅麗莎被治好了——她還活著。我這件事告訴我媽，她說她也有類似的想法。

我們確信梅麗莎會痊癒，深信那些充滿希望的經文，認為根據那些經文，她最後會痊癒的。

梅麗莎站在病床旁邊驚呼「癌症消失了！癌症消失了！」不久後，她的哥哥萊恩問我相不相信上帝把她治好了。我不記得他問下一個問題的完整原話，但是我清楚記得他的意思是：上帝不會那麼殘忍，故意讓我們誤以為她痊癒了，對吧？

「不會的，萊恩。」我回答萊恩。

不過接下來梅麗莎就躺在床上，再也沒有起來過。「祢為什麼要那樣做？」我問上帝，「祢為什麼給我們希望？祢為什麼要讓我們以為有希望生孩子？我們都已經開始談論要生孩子了，顯然我們認為能夠生孩子，因為她不用切除子宮。」

我感應到上帝告訴我：我之所以給你們希望，是因為我不想要你們剛結婚，就以為你們沒辦法生孩子。

我稍微了解了。

不過接著我又問：「為什麼她說她痊癒了？祢為什麼要讓她那樣做？」

我開始漸漸明白，或許她在那一刻確實是痊癒了，只是跟我祈求、相信、期盼的那種痊癒不一樣，是上帝想要的那種痊癒。我相信上帝告訴梅麗莎，只要永遠跟祂在一起，癌症和一切疼痛、苦難都會消失。

不過，我還是難以承受，因為我仍舊相信梅麗莎會在人世間痊癒。
當時我必須做的只是一個簡單的動作：**相信**。

第12章 為什麼？

你人生中最好的選擇是相信某人，但是在人生的那一刻你卻無法徹底相信他，你會怎麼做？還有，要是你發現，相信上帝並不代表萬事會平安、厄運不會降臨，你會怎麼做？

梅麗莎上天堂之後，我對上帝就產生了這些疑慮。追悼會結束後，我回到印第安納州跟家人住在一起，我需要離開我們的公寓和西岸，避免天天觸景傷情，想到梅麗莎。

結婚後，梅麗莎和我完全沒有機會過正常的新生活，距離我們說「直到死亡將我們分開」也才比一百天多幾天而已，我還沒準備開始過沒有她的正常新生活，我成了二十三歲的鰥夫，鰥夫這兩個字實在令我難以承受。

用麻木這個詞來形容我的感受，再貼切不過了，早上似乎得用盡全力才下得了床，真希望能賴在床上，拉起被子蓋住頭，逃避面對心中的困惑，但是我實在沒辦法，那些困惑會鑽到被子裡，不管我怎麼翻身，都會看到它們。

我並不是要突然徹底否認我在這本書裡說過的上帝的美好優點，我感激上帝把梅麗莎帶到我的生命中，我感恩祂賜予我的力量，我能撐過難關，全都因為祂賜予我力量。我想要相信上帝——我知道我必須相信祂——但是因為我相信祂會治好梅麗莎，祂卻沒有照我以為的那樣治好她，所以我很難再相信祂。

我直接向上帝提出我的問題，不過我們之間的連線似乎不穩。這就好像你跟某人講手機的時候，你走進收訊不好的房間，通話開始斷斷續續，你知道對方沒掛斷，還在跟你講話，但是你卻沒辦法聽到他說的話。我就像在收訊不好的房間待了兩個星期，開始懷疑上帝和我能不能再像以前一樣清楚溝通。

這就是為什麼有一天我獨自坐在爸媽家的沙發上，感應到上帝告訴我拿起吉他，我有點訝異。首先，我會訝異是因為我清楚感應到那句話。第二，我覺得不論是身體層面或情感層面，我都完全無力幫助上帝，更別提幫助其他人。各位可以想像一個氣全部洩光的輪胎，雖然還是輪胎，但是沒有空氣，完全沒有用。我感覺自己就像徹底洩了氣的輪胎。

抗拒上帝的催促約莫半小時後，我才拿起吉他。十分鐘後，〈依然相信〉（I Still Believe）就完成了。

我完全沒想過這首歌會大紅大紫。我寫這首歌，只是希望上帝能夠照看我，這些年來，我只是不斷與別人分享這首歌。

我坐在長沙發上，靠著椅背，不禁唉聲嘆氣起來。在滿腦子的困惑中，我感覺到上帝的存在；在痛苦中，我感覺到祂的恩典，感受到祂的慈悲。

這首歌為我說出了一些重要的聲明，我之前是根據聖經才相信上帝承諾會醫治好梅麗莎，但是在這首歌裡，我說我依然相信上帝的話語，我相信祂的真理，我相信祂的信實。我透過我由衷寫出來的歌詞宣告：「祢是信實的，祢是信實的，祢是信實的。」即便歷盡艱辛，我依然相信。我真的完全信任祂！

現在回過頭來看，我發現從那一刻起，我的心才開始癒合。順從上帝能夠帶來巨大的改變，哪怕是像我一樣沒有徹底溫順聽從。順從能夠打開我們的心房，讓上帝能夠依照祂想要的方式來改造我們的心。

「你信這一切嗎？」

待在印第安納州對我有幫助，因為跟爸媽同住，他們會跟我分享他們的智慧，雖然他們自己也悲傷難過，卻仍舊會說些話來安慰我，幫我療傷。

我媽跟平常一樣，似乎總是知道我需要聽聖經裡的哪些經文，每天，有時候一天好幾次，她都會跟我分享她覺得主放到她心上的一節經文，跟我談論我的境況。

我媽自己則在〈希伯來書〉第11章找到慰藉，第1節解釋信心的定義，很多人小時候都背過：「信心是對所盼望的事有把握，對不能看見的事能肯定。」這一章也談到「信心名人堂」的成員，也就是舊約聖經裡的男女英雄豪傑，他們是我們的榜樣，因為他們縱使終身沒有見證過上帝實現某些承諾，卻仍舊保有堅定的信心。

我媽叫我看那一章的最後兩節，第39節和第40節：「這些人的信心都有著很不平凡的記錄；可是他們並沒有領受到上帝所應許的，因為上帝決定給我們作更美好的安排。他的旨意是：他們必須跟我們一道才能達到完全。」

「我參不透為什麼上帝要給我們那些應許。」她告訴我，「但是我覺得祂是在告訴我們，雖然祂給我們那些應許，但即使我們最後沒有得著祂所應許的，我們仍舊要憑信心而行。這才是更加堅深的信心。」

住在爸媽家的時候，有幾次我傷心哭泣，爸爸就走過來抱我，緊緊抱住我。有一次，我們一起唱著敬拜歌曲的時候，我忍不住停下來。「她非常熱愛敬拜。」我跟我爸說完就哭了起來。我爸伸過手來抱住我，什麼話都沒說。我爸懂得在我想哭的時候讓我哭個夠。我爸敬愛上帝，疼愛我，能夠擁有這樣的爸爸，我實在是很有福氣。

二〇〇一年春初，我回到加州，我還不確定我準備好在沒有梅麗莎的陪伴下獨自住在那裡，但是我覺得上帝要我待在那裡。住在那裡不容易，因為到處都會讓我觸景傷情，想起梅麗莎，像是我們用餐的餐館、我們同遊的地方、我們去的教堂。我的朋友不只是我的朋友，他們也是梅麗莎的朋友。

我不想要獨自住在我們的公寓，因此梅麗莎的哥哥萊恩和另一位朋友分別在不同的時間點陪我住一陣子。

住在我們的公寓令我格外感傷。梅麗莎喜歡湯瑪士．金凱德（Thomas Kinkade）的畫作，牆上掛著兩幅他的版畫，那是我們一起挑的，一幅是金凱德親自送我們的禮物，另一幅是我買給梅麗莎的。我在廚房把紅蘿蔔切丁的時候，會不禁潸然淚下，想起以前打紅蘿蔔汁給她喝，希望能幫助她對抗癌症。我坐在床上看電視的時候，會想起她以前經常在床上陪我一起看電視。不過接著我會想起那台散發臭味的醫療監控儀器，上頭掛著袋子，接著管子，半夜會發出嗶嗶聲把我吵醒，提醒我要維持管子裡的液體能流進她的身體裡。

那些回憶令我心潮澎湃，五味雜陳。

梅麗莎去世後我立刻感覺到的麻木，此時轉變成悲傷，過一陣子後，悲傷又化為憤怒。我氣憤她的生命結束得太早，她才二十一歲而已，才德兼備，卻沒機會貢獻！我氣憤我們那麼多的希望與夢想被奪走得如此突然。

有一天我在臥房讀聖經，恰巧讀到一段經文，描述耶穌顯神蹟治好一個人。我沒辦法把那段讀完，因為我感覺身體裡有一座火山被喚醒了。我站起來，拿起聖經，扔到房間的另一邊。聖經砰一聲打到牆壁，接著掉到地板上。「為什麼？主？為什麼祢不治好我老婆？我有信心啊！我相信啊！**為什麼?!**」

我很少像那樣突然暴怒，而且我氣一會兒就消了，我只是偶爾會想到發生過的種種，不由得心煩意亂起來。不過我努力壓抑，不對上帝發怒，因為我告訴自己，祂是上帝，我不能對上帝生氣。我問了祂許多問題，不過我其實無意質疑祂，這就像一條我沒辦法也不應該踰越的界線。不過我心裡壓抑著太多複雜的情緒，超出了負荷，我壓抑不了了。

我的脈搏加快，肺臟超時工作，我可以感覺到肌肉變得好緊繃，我好想把離我最近的那堵牆壁打穿一個洞。我被自己的反應稍微嚇到了（我提醒自己：你竟然扔聖經！）然後我深呼吸幾次，讓身體放鬆下來。

我再次感應到主把話放到我心裡：**你不能知道原因，我沒有打算讓你知道。我要你親眼見證什麼是憑信心而行。**

那不是我想聽的回答，不過縱使我仍舊無法徹底理解，我還是冷靜下來了。

又有一天我在讀聖經時，上帝指引我花點時間研讀〈約翰福音〉第11章關於拉撒路（拉匝祿）的故事。拉撒路在伯大尼生病，命在旦夕，他的兩個姊姊馬利亞和馬大（瑪爾大）都是耶穌的朋友，懇請耶穌相救，因為她們知道祂能治好拉撒路。耶穌接到她們的求援時，人在不到兩英里外的耶路撒冷，耶穌沒有放下一切工作趕往伯大尼，反而繼續待在原處，等耶穌抵達伯大尼的時候，拉撒路已經過世、下葬四天了。耶穌抵達之前，許多人絡繹不絕前去哀悼，安慰馬利亞和馬大。馬大聽到耶穌來了，旋即前去迎接祂。

讀完這個故事，我不需要想像就知道馬大心裡的痛苦、困惑與憤怒。

在第21節，她對耶穌說：「主啊，要是祢在這裡，我的弟弟就不會死！」

在第25到26節，耶穌提醒她：「我就是復活，就是生命。信我的人，雖然死了，仍然要活著；活著信我的人一定永遠不死。」接著祂直接問馬大：「你信這一切嗎？」

你信這一切嗎？

馬大必須回答的問題，也是我必須回答的問題。我相信主願意醫治嗎？我每天每刻都在苦思這個問題。我會繼續相信耶穌是復活、也是生命嗎？還有，梅麗莎現在比以前在世的時候更「有活力」嗎？

拉撒路的故事後來有記述，耶穌沒有早一點趕到，不是因為冷酷無情。由於降生為人，耶穌自然也會感受到我們的種種情緒，祂有喜愛之情，祂會喜悅，祂會憤怒（問聖殿裡兌換銀錢的人就知道了[11]），當然，祂也會難受。

第35節也是許多人小時候就背過的經文，因為這節是聖經裡最短的一節經文，最容易學：「耶穌哭了。」這節也是聖經裡最重要的經文之一，因為它寫出了救主的慈悲。

耶穌不只是哭，原文「wept」是啜泣的意思，基本上是指極度悲傷而抽噎，痛徹心腑。大概沒有人能夠比當時的耶穌更加悲痛吧。

耶穌既是完全的神，也是完全的人，祂一定早就知道拉撒路死了之後會復活，走出墳墓。如果是這樣，那耶穌為什麼要那麼悲痛呢？我想一個很重要的原因就是，耶穌愛拉撒路，祂也愛馬利亞和馬大，所以祂知道她們多麼心痛。我相信祂是憐憫這對姊妹因為弟弟去世而悲傷的痛。

11〈馬太福音〉第21章第12至13節。

畢竟，祂也曾經憐憫我的痛，我感覺得到祂偶爾會跟我一起哭。不管我是心痛、困惑、氣憤或質疑主，祂從來都不會離我而去。我扔聖經來表達憤怒的時候，上帝早已知道我心裡的感受，祂早已知道我心裡的想法，我的行為只不過是在宣洩情緒而已。

就算知道主始終與我同在，也無法停止我內心的交戰，心中的難題並沒有消失，我依然心存疑問——其實，我至今仍舊有一些疑問。不過那天我讀完拉撒路的故事之後，內心感到平和，因為我知道我並不孤單，救主與我同在。

往前踏出一大步

我爸媽鼓勵我去找強．寇森幫忙解惑，我還沒有跟和我有類似遭遇的人聊過，強的老婆死於一場車禍，留下他和三個孩子，後來，他一個十幾歲的女兒又死於另一場車禍。

我跟強聯絡，他誠摯邀請梅麗莎的哥哥和我到奧勒岡州作客。

萊恩和我無事一身輕，因此我們決定把這趟造訪變成公路旅行，我們沿著海岸北上，想停就停，偶爾一時興起就駛離幹道，去尋找樂子。有一次停下來，我們發現一條溪流，決定跳進去游個泳。游完爬上岸後，我們坐在溪邊聊天。

萊恩很好相處，這趟旅行對我們很重要，旅程中有苦有樂。我們一路嬉笑玩鬧，只是偶爾想起梅麗莎，心情就會驟然大變，話題變得哀傷，追憶起梅麗莎，訴說我們是多麼思念她，不禁痛哭流涕。

快到目的地的時候，我既期待又怕失望。我希望強能夠回答我的問題，解釋梅麗莎為什麼會死。我有好多問題要問他，不過我也明白，跟強談這些會觸碰到仍舊存在我心中的一些傷痛。還有，我心裡有些不安，猜想著他可能會怎麼回答我。我能承受他回答的一切嗎？

縱使家人和朋友扶持我走過這段悲痛艱苦的時日，但是我們跟強寒暄的時候，我馬上就看出，沒有人能夠比他更了解我心裡的感受。他十分熱情地歡迎我們，把我們安置在他家的一棟小屋裡。

聽過強講話的人都知道，他講起話來像個父親，態度謹慎；他的個性也像個父親，跟語氣很相配。他感覺起來簡直就像聖誕老人，我可以閉上眼睛想像強穿著一身紅，蓄著白鬍鬚，對我說：「呵，呵，呵。來我這兒，孩子。」

萊恩和我把行李拿出來收拾好後，我們就去見強。第一次跟他討論，在前幾個問題，我就問到梅麗莎的苦難。

「她吃了好多苦。」我說，「為什麼會那樣？為什麼她得受那樣的苦？她愛主，我們能做的都做了，我們禱告，我們相信。我實在不明白。」

強的回答充滿智慧，我至今仍舊忘不了。他劈頭就問我一連串的問題：

「聖經上面說要做的事，你全都做了嗎？」

「你當時有齋戒禱告嗎？」

「你當時有請長老前去禱告與抹油嗎？」

「你當時相信嗎？」

「你當時有信心嗎？」

每個問題我都回答有，那些事我們全都竭盡所能去做，直到她咽下最後一口氣。

「傑洛米，」他接著說，「那你晚上可以安枕而睡了，因為你已經盡全力了。那是上帝的安排，祂聽到了你的禱告，祂安慰了梅麗莎。既然你有遵循指引去尋求主，那麼你就可以安歇了。」

在後來的談話中，強舉了〈出埃及記〉（出谷紀）第14章到第15章裡的米利暗（米黎盎）的故事來說明，米利暗是摩西和亞倫（亞郎）的姊姊。「以色列人通過紅海之後，米利暗敲著鼓唱歌讚頌，你還記得嗎？」

「記得。」我回答，想像著希伯來人安全抵達紅海彼岸，不再受到埃及軍隊威脅，米利暗手舞足蹈，歡欣歌頌。

「唉，」強繼續說，「其實她錯過了讓上帝善加運用她的機會。」

我總以為米利暗是故事裡的女英雄。「錯過？」我問，「這是什麼意思？」

「她做的事，她應該早一點做。」強解釋，「確實，我當時不在場，不過我認為，在眾人聚集在西岸，**還沒**通過紅海而不知所措的時候，那時她就應該歌頌主了，而不是等到通過之後才歌頌。」

想像一下，以色列人被困在紅海和埃及軍隊之間，米利暗身邊的人全都身處危境，驚恐萬分，如果她在這時候拿出鈴鼓，開始歌頌主，她的朋友可能會認為她的鈴鼓響片有些鬆了。各位了解我的意思吧？

不過米利暗錯失良機，上帝本來可以充分運用她。上帝並不是在他們通過紅海之後才突然變得美好，而是在以色列人受困，看似無處可逃的時候，上帝就是美好的，祂其實打從一開始就計畫要帶他們離開，拯救他們，讓他們完全預料不到。米利暗錯失了良機，她本來可以在動盪不安的危局中榮耀上帝。

強此時此刻提起米利暗的故事，就是要提醒我，即便身處困境，我們仍舊應該敬拜上帝——即便我們身處困境，祂仍舊值得我們敬拜。

「祂仍舊掌控萬事。」強告訴我，「要**曾經**獲得上帝解救、見證神蹟的人說：『沒錯，主，祢是最棒的！』這很容易。但是如果你在艱苦的時刻，沒看見任何美好的結果，要你說：『上帝，祢真美好。不論如何，祢真美好。』這著實很難。」

比起直接談論我，聽他講米利暗的故事，我更容易接受。梅麗莎去世之後，我最不想做的事就是說：「對，主——祢真美好！」這就像高中的時候，我們如果輸了橄欖球比賽，沒人會歡呼，教練不會告訴我們：「嘿，你們輸了——跟隊友去慶祝一下吧。」

不過我承認，拿橄欖球比賽來類比，顯得我目光短淺。身處苦境，令我看人生時變得眼界狹小，其實世界遠大於我所能見。我可能覺得現在的自己像是比賽結束離開球場，但是如果我退一步從永恆的視角（也就是從上帝的視角）來看我的人生，我其實還在賽前熱身，剛開始流汗而已。我們可能會覺得自己在人世的時間就是一切，其實那只不過是上帝安排的計畫裡的一小部分而已，我們在人世的時間是用來準備永遠跟祂在一起的。

強向我開導的永恆視角令我獲益匪淺。「我們如果要徹底了解為何要承受苦難，」他說，「八成得等到我們永遠跟主在一起吧。」

強舉毛毛蟲的例子來說明，讓萊恩和我更加了解承受苦難的概念。毛毛蟲必須經過一番掙扎才能破繭而出，我們總會想要幫助毛毛蟲早點獲得自由，但是掙扎所產生的壓力能夠幫毛毛蟲發育成蝴蝶，如果毛毛蟲太早停止掙扎，會因為發育不良而死亡。毛毛蟲的掙扎讓它能變成發育完全的蝴蝶，這才是上帝所創造的樣貌。

同理，人生經常要經過一個季節的掙扎，才能變得「美麗」，透過掙扎，我們能獲得力量，變得成熟。我們希望上帝幫助我們停止掙扎，要是祂真的幫助我們如願以償，會發生什麼事呢？我們會變得虛弱而且發育不良！那可不是上帝把我們創造出來的樣貌。有時候我們唯有經歷痛苦才能獲得力量，發育健全。我們可以盼望有比較簡單的方式，卻不能去否定結果。

「我知道這樣說聽起來不合理。」強說，「但是痛苦確實是神規劃的一環，神透過苦難來成就更偉大的目標。梅麗莎現在在天堂獲得了美好的獎勵。如果我們能夠從永恆的視角來看待事情，就能看見她獲得的獎勵遠大於她在人世承受的苦難。」

當時我就知道事實真的是那樣，但是仍舊難以領會，因為我們只有凡人的心思，只能理解我們知道的事情。雖然我們可以想像聖經所描繪的天堂，但是天堂到底是什麼樣子，其實我們知道的並不多。凡人的思維侷限了我們，我必須盡量從聖經去了解天堂，並且相信上帝所說的，梅麗莎現在在更加美好的地方，在不用承受苦難的地方。在〈歌羅西書〉（哥羅森書）第3章第2節，保羅寫道：「你們要專心於天上的事，而不是地上的事。」還是老話一句，我需要那種永恆的視角。

強邀請我到他的教會，在星期日的夜間禮拜演奏一首歌，我覺得很榮幸，但卻有點猶豫不決，我覺得自己的狀態不佳，沒辦法被神使用。

在梅麗莎的墳墓旁，好友尚盧告訴過我：「咱們來讓那一天早點來！」他後來又跟我說了幾遍：「別放棄！咱們去跟更多人宣揚耶穌的事跡，好讓祂早點再來！」

我喜歡聽尚盧那樣說，那能鞭策我，讓我明白，除了我自己之外，我還能幫助很多人。不過當時我認為時機還不對，我認為我心裡有問題需要解決，我需要先得到問題的答案，上帝才能夠使用我。

然而，那天晚上，強要我明白我能如何被上帝使用。

「我認為去對你有好處。」他說，「因為在你最痛苦的時候，上帝才能夠充分使用你，讓你發揮最大的影響力。」

當時的確是我最痛苦的時候，所以如果強說的是真的，上帝確實可以充分使用我，讓我發揮最大的影響力。

我選擇演唱〈依然相信〉，那是我第一次公開演唱那首歌，唱的時候我幾乎從頭哭到尾，唱完後簡短分享梅麗莎去世的事。我完全不記得我跟會眾說了什麼，但是我記得大家臉上都流露出惻隱之情，許多人甚至難過拭淚。唱那首歌和談論梅麗莎的事，著實令我痛苦萬分，但也產生了強大的影響力。我感覺我不是站在講台上，而是站在上帝的手心上，因為是祂支撐著我。我沒有覺得自己很堅強，我十分清楚，我所擁有的一切力量都是上帝賜予的。

表演結束後，有些參加禮拜的人過來找我，擁抱我，為我禱告，說些話鼓勵我，告訴我那首歌和梅麗莎的故事深深感動了他們。那一刻真是美好，那天晚上我離開教會的時候，心裡大為驚歎，上帝不僅治癒了我的傷痛，也藉由我的傷痛來幫助更多的人。

幾天後，我跟強聊天，我心裡的疑惑並沒有煙消雲散，讓我在苦難中看清一切。不過多虧了強慈愛地向我開導真理，我認為我漸漸看得比以前還要清楚。

我離開奧勒岡州的時候，心存一絲希望，那絲希望比我來到這裡的時候強烈許多。我離開的時候，意志變得更加堅毅，因為我注意到，強雖然經歷了兩次悲劇，妻子和一個女兒相繼去世，但他似乎心平氣和，而且能夠利用自己遭遇的困境來幫助別人。我離開的時候，終於開始認為，**會沒事的**。

第13章

突破的契機

寫了〈依然相信〉之後，我的意志開始慢慢堅毅起來，現在，我覺得我的堅毅漸漸轉化成行動。

從奧勒岡州回來之後，我準備要到各地演唱，我要分享〈依然相信〉、梅麗莎的故事，還有上帝從以前到現在如何改變我的人生。從春天到夏天，我到處演唱與分享，獲得聽眾熱烈迴響，開始接獲愈來愈多邀請，到教會演唱或帶領敬拜。

奇怪的是，有兩股截然相對的波瀾在我心裡互相衝撞。在禮拜儀式之前，我會告訴上帝：「主，我今天不想敬拜祢，我不想說我『依然相信』。」我知道這些話是真的，但又覺得不是真的。

此外，還有另一股波瀾，縱使我偶爾會心不甘情不願地參加禮拜儀式，我唱歌的時候，卻能夠感覺到上帝與我同在，而且對聽眾產生的影響也比我預期的還要大。我能夠看見與感覺到上帝遊走於人群之中，而且我知道這一切成果跟我無關，因為幾分鐘前我才不斷告訴上帝，說我不想要唱那首歌。我再一次學到寶貴的一課，必須遵從神的旨意，不能隨心所欲。

帶領敬拜的時候，我發現自己比以前更加專注於歌詞。歌詞裡的一字一句對我而言似乎都獨具意義，歌詞裡的一字一句對我而言都是機會，能夠探索上帝的慈愛與恩典有多深。而且我漸漸了解神性，以前我八成連思考都不會去思考。我仍舊會遭遇起伏，日子仍舊偶爾難過，各種畫面可能都會出乎意料地刺激我，讓我氣憤難平。

看見年輕情侶在公園裡手牽手，會讓我想起梅麗莎；看見父母跟小孩在公園玩耍，我會幻想他們是梅麗莎和我還有我們的孩子——有時候甚至會埋怨我的家庭應該像那樣才對；我到電影院看戰爭電影，看到悲傷的場景會不由自主潸然淚下。

到處都可能出現會刺激到我的畫面，我不知道什麼時候會出現，無法時時提防。

我覺得自己變得太過易怒。有一天我在一家餐廳裡看見一對情侶，從他們交談的模樣我看得出來，他們在爭論什麼事，我看了實在很氣那個男的，好想過去告訴他：「拜託，好好珍惜你老婆！」

我從就讀聖經學院時開始學習憐憫別人，現在卻喪失了那份憐憫之心，反而經常認為別人自私。畢竟，他們整天掛在心上的那些問題，跟我的相比根本微不足道！我氣憤這個世界，好想跟它單挑，就我和這個世界，咱們決一死戰！

不過就在同一段時間裡，我的音樂生涯扶搖直上。我就像坐在刺激的雲霄飛車上，感覺同時上衝與下滑。唱歌或帶領敬拜的時候，我可以暫時把憤怒擺一旁。

朋友們疼惜地告訴我，說他們擔心我現在回去做音樂事工可能太早了。我了解為什麼他們會那樣說，如果我是他們，看見我處於我當時的境況，我可能也會說同樣的話。我當時還陷於悲傷之中。不過我是真心相信上帝正緩緩把我推回去做音樂事工，同時對我說：我會照顧你。你儘管去做，走進我正在安排的事裡吧。

把心境寫成歌，然後分享出去，是很重要的一個環節，不僅治療了我的傷痛，也鼓勵了別人，為別人帶來希望。

唱〈依然相信〉和〈憑信心而行〉的時候，我見證到了不可思議的迴響，把它們錄製成唱片，能讓它們產生的影響力遍及更廣的區域。一位朋友向我推薦兩名年輕製作人，亞當．華茲和安迪．達德，我聽了他們的一些作品之後很喜歡，於是打電話問他們能不能幫我錄製試唱帶。

「我的人生現在很難過，」我告訴他們，「不過我需要把這些歌唱給大家聽。」亞當和安迪毫不猶豫就答應。我們先錄〈憑信心而行〉，我們在錄音室為這首歌進行最後的混音時，我強烈感覺到，上帝打算用這首歌來鼓舞許多經歷痛苦磨練的人，為他們帶來希望。

「感謝祢，主。」我禱告，「祢使用梅麗莎和我所經歷的苦難，來幫助其他同樣在苦難中掙扎的人。」

明白上帝預備在未來交付重責大任給我，我不禁感到興奮，不過我也知道我還沒完全準備好面對下一步，尤其是我的心還沒準備好，我必須讓上帝消除我心中的憤怒。我不能一邊滿腦子想著上帝要用我的一首歌來幫助世人，一邊卻抗拒祂必須為我完成的治療（我指的是徹底的治療）。

任務：突破

我安排秋天到山裡的一棟小屋靜養，我想要在這趟旅行中達到一個目標：突破。我感覺到上帝即將要做大事，我不想要錯過。

我懇求上帝徹底清除我心中的冷漠與痛苦。從前塵往事中，我仍舊記得以前也曾經深陷冷漠與痛苦中，我不想再重蹈覆轍，我需要上帝給我一顆嶄新的心，就像祂在我讀聖經學院時給我的那一顆心，我想要能夠再度憐憫別人。

我計畫在小屋住三天，禱告、齋戒和彈吉他，結果比我預料的還要難，我覺得度日如年，時間不只是蝸步龜移——有時候甚至靜止不動。我還以為會有天大的啟示降臨到我身上，就像老鷹威武地降落到高處棲息那樣；我以為獨自在山裡，就能心無旁騖，聽到上帝的聲音，人生立即徹底轉變。我準備要大哭一場，哭到眼淚流乾。

結果卻流不出眼淚，我的心裡依然存在許多冷漠與痛苦，我的心靈似乎卡死了，無法換檔，這些同樣的問題和困惑，我還是無法想通。我在山屋裡最常感受到的東西，大概只有餓到肚子疼吧。

接著有一次，我拿著吉他隨興彈奏，結果不知不覺彈出一首歌，也唱出了歌詞，就這樣創作出〈扶住我〉（Breaking My Fall）：

（第一段主歌）
我容易跌倒，祢總是從容伸出手扶住我
我很快就會溺斃，在理性思索的深池中
我容易害怕，祢的平和總是輕易超越我
我很快就會相信，我認為值得的一切
許多次祢平息浪濤，讓我現在不再驚恐

（副歌）
我看見祢扶住我，扶住我
我該怎麼辦？
因為我看見祢扶住我，扶住我
我該怎麼辦？

（第二段主歌）
祢的想法十分寶貴，尤其是祢對我的諸多想法
祢的做法十分信實，我總是覺得祢的恩典豐富無窮
我很快就會呼求，你總是很快就回應我的呼求
祢會小心帶來，我生活中所需要的一切
許多次祢平息浪濤
讓我現在不再驚恐

（連接段）
我走這條狹窄的道路，這個世界會千方百計阻撓
祢的話將幫助我克服阻礙，有祢，我將能面對一切阻礙[12]

這首歌的主要問題是：「我該怎麼辦？」我在那棟小屋就是在問這個問題。我去那裡，就是希望能夠徹底突破，但是我認為我根本沒有朝正確的方向走出任何一步，突破就更不用說了。

我該怎麼辦？

不過，那首歌倒是表明了我相信上帝總是有辦法消除痛苦：「我很快就會呼求，你總

是很快就回應我的呼求。」

問題在於，上帝和我對「很快」的定義大為不同。

但是，在字裡行間我可以看見上帝在對我說：「嘿，我還在這兒——哪怕你走得跌跌撞撞。我愛你。我想著你。我在這兒。」

梅麗莎去世之後，我待在爸媽家裡的那段時間，很難清楚跟上帝溝通。不過在山屋裡就不一樣了，我真的感覺到強烈的連線，只是，我想要我的心能徹底被打破，這件事還是無法如願。

「主，這是我想要的！」我曾經這樣說，「我一路跌跌撞撞，痛苦憤怒，但是我仍舊全力奮戰，希望能夠戰勝！」

我感覺主彷彿這樣回答：「我知道你在呼求我，我就告訴你，我扶住了你。我對你的思考與計畫，比海邊的沙灘還要遼闊。」

在第三天，也就是最後一天早上，我離開山屋，因為期待落空而失望難過。這趟山林之旅一點都不輕鬆愉快，我吃得不多，睡得不多。我感覺自己就像打了一場長時間的拳擊賽，快要輸了。

「主啊，」我禱告，「我的心渴望獲得天大的啟示，渴望在祢面前哭泣，感受祢那能治

12〈扶住我〉，傑洛米．坎普作詞。

癒傷痛的觸摸——我盼望出現重大的改變。我不明白為什麼一切都沒變。」

到山屋附近的餐廳用餐之後，我就下山回家了。我錄製的試唱帶在車上，我把試唱帶放進音響，聽聽自己唱得如何。播到〈憑信心而行〉的時候，我聽著上帝在蜜月期間告訴我的那些話，那隻老鷹終於降落到棲息地了。

溫暖透進了我心裡，融化了不斷積結的冰霜，被壓抑的情緒突然全部釋放出來，眼睛的水閘門猛然大開。我開向交叉路口的停車號誌，把車停到路邊，雙手掩面痛哭。

儘管寫〈憑信心而行〉的時候感動萬千，儘管這首歌我唱了許多遍，歌詞我也思索了許多遍，但是直到停在山路邊的這一刻，我才第一次完全領悟這首歌的真正含意。

「好的，主。」我在駕駛座上大聲說，「我看不見，但是我會憑著信心而行。我不明白，不過我知道祢有更重大的計畫。萬事都會平安的——祢會讓萬事平安的！」

我曾經是破碎的，所以我知道那是什麼樣的感受，我也知道我只是又破碎了一次。認知到這一點，真是如釋重負啊！我想起了以前也曾經這樣對神充滿感謝。

「對不起，主，我不該如此心煩意亂。」我說，「現在我懂了。」

我的人生經歷過幾次重要的時刻，都是上帝讓我徹底崩潰的時候，也是祂強而有力對我說話的時候：在青少年夏令營、在聖經學院的教堂、我寫下〈依然相信〉的時候、跟強・寇森相處的時候。那次在山路邊短暫停留，也是那種重要的時刻。現在回過頭來看，我認為當時是我看待梅麗莎去世這件事的終極轉捩點，我後來，乃至於到現在，都還是會陷入天人交戰，但是從那一刻開始，一切馬上都變了。

我把車開回公路上，繼續開回家。我開下山時，繼續跟主說話，不過談話語調截然不同——至少我講話的語調變了。

我周遭的一切似乎瞬間變得平靜，我再度燃起了希望，我又可以看見四周的山林了，山林好美啊。

那大概是我這輩子開車開得最快的兩個小時車程吧。我回到家徹底變了個人，接下來治癒的腳步愈來愈靠近，前所未見，我的禱告充滿了希望與期盼。「我準備好了，上帝——咱們幹活囉！」我會這樣禱告，「該認真活了。雖然我支離破碎，但是不論祢要我做什麼，我都願意赴湯蹈火。」

跟唱片公司簽約

二〇〇一年十二月，我收到了泰森．包雷提（Tyson Paoletti）寄的電子郵件，他是BEC福音唱片公司的代表。

我知道布蘭登．艾伯（Brandon Ebel）是BEC的老闆，BEC其實就是布蘭登．艾伯唱片公司（Brandon Ebel Company）的首字縮寫。我十幾歲的時候，我的家人肯定認識他，而且有兩三次在基石音樂祭把帳篷搭在他的隔壁，我刻意讓泰森知道這件事。

我把收錄六首歌的試唱帶寄出去幾天之後，布蘭登打電話給我。「兄弟，你好嗎？」他問，「你在印第安納州的家人還好嗎？」

我說我的家人很好，接著開始跟他說梅麗莎的事，我在電話的這一端就聽得出他的反應，他很震驚。他慰唁我過後，停頓了一下。

「這幾首歌——噢，我的天呀。」他說，「詞曲俱佳。我很想跟你合作。」

我欣喜若狂，但是我告訴布蘭登，我還無法馬上答覆他。

「我必須禱告，請上帝決定。」我說，「我吃了好多苦，每個決定我都必須請示上帝。」布蘭登叫我不用急，說他願意等我答覆。

布蘭登和我保持聯繫，有一天他問我有沒有興趣錄一張專輯，參與一年一度的敬拜計畫，主題叫作「任何一個星期日」（Any Given Sunday）。我對這個機會興致勃勃，因為我熱愛帶領敬拜。再說，本來就有人建議我把我寫的歌錄起來，有幾首是我針對教會的會眾而創作的歌曲，描寫上帝如何改變我的人生，還有幾首是我在教會領唱的熱門敬拜歌曲，不過那是別人寫的。

我針對這件事還有跟BEC合作的機會向上帝禱告，結果我感覺祂同意我參加「任何一個星期日」。

我們在籌備敬拜計畫的時候，我強烈感覺到上帝准許我跟BEC簽約。唱片合約規範非常廣，音樂界以外的人可能不了解。

簡要說明一下，歌手兼歌曲創作者簽了合約之後，就是把自己幫唱片公司寫的歌部分交給唱片公司。合約會規定歌手要為每張唱片錄製固定數量的歌曲，歌手和唱片公司必須對於行銷與宣傳唱片與單曲達成協議。

我還沒簽過規定我必須參加巡迴演唱會的合約，不過歌手都明白，巡迴演唱其實就包含在行銷和宣傳的條款裡。唱片公司把錢投資在歌手身上，自然希望歌手全力協助銷售唱片，以取得投資報酬。不肯參加巡迴演唱的歌手，按照合約錄製規定數量的唱片之後，唱片公司八成不會再續約。

最重要的是，歌手和唱片公司必須針對合約上的所有收益，談妥雙方的獲益比例。唱片錄製合約如果內容冗長，規定詳盡，大概會搞得你頭痛——不知道各位看到這裡，頭是不是已經痛了起來。

尚盧在唱片業界經驗豐富，對我助益良多。縱使我確定簽約是上帝給我的旨意，尚盧要我也要確定這個生意決定是正確的，老實說，簽約製作規定數量的唱片，錄製還沒寫好的歌，我覺得有點可怕。洽談第一份合約的過程中，我好多次問自己，要是我把靈感用光了，寫不出新歌怎麼辦？在音樂界打滾超過十年之後，我現在仍舊沒忘記尚盧在我剛出道的那幾年如何諄諄教導我，因此我也會試著幫助新踏入行、前途看好的年輕歌手。我知道有些人討厭這樣的概念，不過現實真是如此，事工和生意息息相關，必須能做正確的生意決定，才能夠成為優秀的上帝事工。

我協助推動「任何一個星期日」這項敬拜計畫，後來它改名為「扶持我：敬拜計畫」（Carried Me: The Worship Project）。二〇〇二年五月，我跟BEC簽了三張唱片的合約。

簽約過程中，我隨時向爸媽報告最新進展，我也是最先打電話向他們報告這個消息：我正式成為簽約歌手了！

當然，他們聽到後欣喜若狂，不過我爸一如平常地告訴我：「我好以你為榮，因為你正在事奉主。」

簽約的那一刻著實令我振奮，我滿腔熱情，準備大展身手，我的個性就是這樣，一旦著手開始，就全力以赴。

我磨拳擦掌，準備大展身手，完成主交付的所有任務。我知道祂為我打開了那扇窗，就如同祂以前也為我打開了許多扇窗，指引我走到這裡，我要把祂給我的歌曲分享出去。

我在心裡想：「好的，主，我完全明白祢為我做了什麼。」

把愛傳出去

我很幸運，擁有「拼命三郎」的個性，簽約後，大約短短一個月，我就錄了兩張專輯。

第一張唱片是《留下來》（*Stay*），那年九月發行，收錄了十二首歌，包括〈憑信心而行〉、〈依然相信〉和〈扶住我〉，我寄給泰森的試唱帶裡有六首歌，其中五首都收錄在

《留下來》裡。另一張唱片《扶持我：敬拜計畫》在大約一年半後發行，收錄了我的歌和別人寫的歌。

錄製唱片著實耗費心力。

用一個月左右就錄兩張唱片——呼，我實在不知道該怎麼形容那種累啊。那個月真的忙到昏天暗地，但是我的體力和精力卻充沛無比，因為我知道我的歌即將傳到許多人的耳裡，多到我無法想像，傳達鼓舞人心和懷抱希望的訊息。

受邀參加「與神同在音樂祭」（Festival Con Dios），到四十個城市巡迴演唱，是我的重大事業突破；「與神同在音樂祭」是基督教的巡迴音樂祭，是前一年「新聞男孩」所推動的。我正式加入巡迴表演時，我感謝上帝，讓我跟全國那麼多人分享我的音樂和見證。

「與神同在音樂祭」的主角是幾個樂團，包括：極大聲響（Audio Adrenaline）、托比麥克（TobyMac）、憐憫我（MercyMe）、離開伊甸園（Out of Eden），其他參加巡迴表演的還有聖柱（Pillar）、便雅憫之門（The Benjamin Gate）、樹六三（Tree63）、真聖哉（Sanctus Real）、天天星期天（Everyday Sunday）和亞倫·史百羅（Aaron Spiro）。我都有在聽那些歌手或樂團的歌，有些我聽了好幾年，從我寂寂無名的時候就開始聽，現在我竟然要跟他們登上同一個舞台，一起宣揚福音。

「與神同在音樂祭」棒呆了！

六輛貨櫃車載運全尺寸的舞台、燈光，還有十萬瓦的音響設備，場地可以容納大約一萬人，觀眾可以攜帶摺疊椅和毯子坐著觀賞。音樂祭不只有音樂，還有一座「遊樂村」，裡頭有攤商，販賣紀念品和美食，還有高空彈跳等遊戲，跟著我們巡迴。除此之外，有一位專業越野摩托車賽車手也加入，騎摩托車表演空中特技。

不用說，這趟巡迴表演很耗費體力。幸好，我是搭巴士，輕鬆多了。有些人搭一輛十五人座的箱型車和一輛拖車，就很辛苦了。我的樂團成員搭箱型車，要輪流開車，還要把裝備搬上跟箱型車連結的拖車，有些樂團甚至得做箱型車與拖車上的日常雜務。

不過 BEC 一開始就告訴我：「我們只要你做你應該做的事。」他們幫我付車資，讓我跟另一個樂團一起搭巴士。我當然喜歡「舒適的」巴士，但是也為搭箱型車與拖車的樂團成員感到心疼。那是我第一次單獨巡迴表演，旅行三百天，其中有兩百二十天有表演，當時我要是知道搭箱型車與拖車那麼辛苦，我就會更加心疼他們，八成會想辦法騰出空間讓他們搭巴士。

我的樂團裡有我、一位吉他手、一位貝斯手和一位鼓手，巡迴的每一站我們通常可以上台表演大約二十分鐘。我初次跟吶喊合唱團同台演奏一首歌時，我緊張得要死。「與神同在音樂祭」剛開始的時候，我想到要跟自己的樂團同台演出，也有點緊張，不過每次一登上舞台，我卻從來不會去想「我現在該怎麼辦？」因為我對於上帝召喚我來做的事信心滿滿。

在「與神同在音樂祭」期間，《留下來》發行了，巡迴演唱和唱片銷售讓更多人聽見我的歌，梅麗莎的故事和我的見證立刻感動了更多歌迷。有人寫電子郵件給我，有歌迷在巡迴表演期間前來跟我分享他們的故事，訴說他們如何陪伴罹患癌症的家人。還有些人失去了摯愛，告訴我說我的歌詞深深觸動了他們的心弦。

他們分享故事的時候，我很難從他們的眼睛、聲音和話語看出與聽出他們的痛苦。有時候歌迷會到紀念品攤位問我問題、談論我的經歷，我們一起禱告的時候，我總是心潮澎湃。我總是把握跟歌迷聊天的機會。

雖然我早就知道癌症相當普遍，不過發現原來有那麼多人直接受到癌症影響，令我驚愕無比。然而，聽到與知道了這麼多故事，讓我更加確信上帝在我最痛苦的時候對我許下的承諾：祂對我的計畫與目標遠遠超過我起初所能看見的。

第14章

情竇再開

從與神同在音樂祭開始，我就如魚得水，因為有許多樂團共演，我可以結識許多音樂家。何樂而不為？第一，我熱愛交友；第二，我很開心能跟他們一起巡迴表演。

巡迴表演之初，我等待上台的時候，會觀看其他樂團表演，有一位歌手格外吸引我注目與聆聽：她是一位紅髮女孩，歌聲嘹亮，她是便雅憫之門的主唱。

便雅憫之門是來自南非的樂團，稍早那年夏天，我們曾經一起在加州的魚節（Fish Fest）表演，不過我當時並不認識他們。便雅憫之門也有參加第一屆與神同在音樂祭，我告訴各位，他們在台上真的魅力四射，我還以為他們的主唱肯定是個歌聲嘹亮、熱情如火的搖滾女歌手。經過打探之後，我得知她的名字叫雅主音，綽號叫小雅。

一場表演結束後，我到處串門子，探詢所有的表演節目，我刻意去找雅主音，向她自我介紹。她用南美口音的英語跟我寒喧，不過這完全出乎我所料，她跟台上的模樣天差地別，講起話來溫柔婉約。

我們第一次真正交談是在喬治亞州的亞特蘭大，她扭傷腳踝之後。當時一個熱帶風暴侵襲該地區，有個帳篷看起來快要被暴風吹走，我們的巡迴經理急忙衝過去，想幫忙搶救那座帳篷，結果不小心跟雅主音撞個正著，看起來就像橄欖球比賽中的標準擒抱。雅主音以為自己沒事，告訴巡迴經理趕快去搶救帳篷，結果她想站起來卻站不起來。

我很是替她擔心，因為搖滾女歌手如果包著護踝，很難在舞台上盡情唱唱跳跳。隔天我遇到雅主音，對她說：「今天我們登台前有幫妳禱告呦。」（我們的樂團真的有幫她禱告——我發誓！）

她向我道謝，我們閒聊了起來，我再次注意到雅主音其實個性很文靜，我幾乎得確認一下和我聊天的這個人，跟我在舞台上看到的那個人是不是同一個人。

我的紀念品攤位跟便雅憫之門的相距兩個攤位，雅主音是主唱，所以幾乎整天都坐在他們的攤位跟歌迷見面。我後來得知，雅主音沒聽過我在舞台上談論梅麗莎的事，但是她從樂團夥伴口中聽說我的故事非常激勵人心，她想要聽聽。有一天他們在箱型車上聊我的見證聊得津津有味，雅主音聽完更加興致勃勃。

雅主音無意間聽到一些歌迷在我的紀念品攤位跟我深談梅麗莎的事。攤位沒人的時候，她就會走過來輕聲說聲「哈囉」，問我梅麗莎的事。她會問「她是什麼樣的人？」、「你們倆怎麼相識的？」或是「可以說說她如何與神同行嗎？」諸如此類的問題。我很高興雅主音談論梅麗莎的時候顯得輕鬆自在，這讓我能夠輕鬆跟她聊天。

別的樂手會提及我的見證，不過比起其他人，雅主音更有興趣深入了解。她這點讓我十分喜歡，不是因為她受到我吸引，而是她似乎對梅麗莎和我的故事深感興趣。

每次看到雅主音在吃午餐，或是迎面走過她，我都會跟她打招呼，說聲：「嘿，妳好呀！」其他團體在表演的時候，我的樂團和她的樂團偶爾會坐在一塊；托比麥克在台上表演的時候，雅主音和我會站起來跳蠢模蠢樣的舞蹈。她小時候在南非學過放克爵士舞，她試著教我一些舞步。我們也會跳嘻哈舞裡的「滑步」，一九八〇年代後期MC哈默（MC Hammer）和香草冰（Vanilla Ice）開創了「滑步」的流行熱潮。我知道雅主音不會介意我這樣說，但是基本上我們當時只是在玩鬧，我們是好朋友，跟彼此在一起很自在，並沒有想要討好對方。

我們的攤位相距很近，有時候我們會一起走去紀念品攤位，待在一起閒聊，跟她聊天很開心。

雅主音日子過得很辛苦。她是個年輕少女，才二十一歲就離鄉背井，不斷跟一堆男生到處奔波。她身邊似乎沒有人可以幫她指點迷津，跟她談論生活中的大小事。

鐵磨鐵，她需要一個像鐵一樣的朋友[13]。

雅主音顯然渴望了解上帝，每當她聽見我聊到主，她就會問關於上帝的問題，就像她

13〈箴言〉第27章第17節。

問關於梅麗莎的問題那樣，打從心底深感興趣。

我們愈是認識彼此，就愈熱衷談論上帝和心靈議題，我看得出來她渴望與上帝建立更深的關係，我能自在地對她提出委婉的質疑，敦促她在心靈層面有所成長。

雅主音對基督教音樂產業心灰意冷，便雅憫之門在一九九八年創立於南非，在我認識她的前一年來到美國。她們當時已經連續三年，每年都表演大約兩百五十場，一直拼命想要進入這一行。雪上加霜的是，她們自從搬到美國，就一直搭箱型車與拖車四處奔波。

便雅憫之門打拼得很艱辛，雅主音也覺得她和樂團成員都變得懷憂喪志，認為音樂不值得她們這樣去犧牲。雅主音漸漸變得憤世嫉俗，原因很容易理解，然而，我還是認為她沒有必要那樣。

「妳厭倦了。」有一天我直言不諱告訴她。我說那句話的時候毫不閃躲，不過我這樣嘗試磨她的「鐵」，她會作何反應，我實在沒有把握。不過我只是想真心說出真相。

「真的嗎？」她問，一邊納悶自己是不是真的厭倦了；我想，她聽到我這樣說，應該也很難過。

「對啊，妳絕對是厭倦了。不要厭倦。不要讓自己的心變得冷漠，因為我知道那是什麼感覺，那樣不好。」

幾天後，她謝謝我的關心和注意，以及直言指出她的心裡出了毛病。她一直覺得跟上帝很疏遠，感覺主一直對她的心說祂們的關係出了問題。

我覺得主刻意把我們湊在一塊，成為親密好友，好讓我們能夠幫助彼此渡過各自人生中的難關。

我們聊了一些關於梅麗莎的私事。

雅主音很好奇，問了很多問題，不論她問什麼，我都一一回答。當然，梅麗莎剛過世的那幾個月，我跟許多人聊過梅麗莎的事。不過現在，梅麗莎去世八個月了，雅主音是第一個跟我深談那段歲月的女人，聽到女性的看法，令我獲益良多。

巡迴表演期間，雅主音從樂團那邊得知一位親密友人在南非家鄉遭到謀殺，我根據我經歷過的悲痛，全力安慰雅主音，我們倆的人生似乎都多苦多難，跟彼此聊天對我們倆都產生了療效。

我也發現一對一私人對談的療效。我常在舞台上以及在紀念品攤位之類的地方，跟歌迷聊梅麗莎的人生，但是跟單一個人深聊，卻有截然不同的療效。

儘管我們倆相處的時間愈來愈多，而且經常談論嚴肅的私事與心靈議題，但是我們之間卻完全沒有互相吸引，雅主音沒有在找對象，我也還沒有想要開始另一段戀情。

除此之外，我們並不是對方喜歡的類型。我來自中西部，個性外向，熱愛運動；雅主音來自南非，個性很有趣，熱愛搖滾，卻內向文靜。她超級熱愛藝術，又有創意；我呢，則是熱愛運動。

我們單純只是非常要好的朋友，一起玩樂，我們不僅常常一起一邊吃午餐，一邊聊早上讀聖經的心得，也常常彼此互看一眼，然後說：「要來賽跑嗎？」然後就拔腿狂奔，衝向假想的終點線（她只有腳踝包著護踝的那段時間沒有跟我賽跑，不過那時候我還是老問她要不要賽跑）。

雅主音的骨架很小，我當時不知道她的家人都是運動好手。她扭傷的腳踝痊癒之後，有一次我說要把一杯冷水倒到她身上，她嚇得拔腿就跑，我當時得全速衝刺才追得上她。不用說，她的衝刺能力令我嘆為觀止。

我最喜歡雅主音的地方就是，她很渴望了解上帝、對上帝充滿好奇，每當我們談到心靈議題，她總是容光煥發。

縱然我們的關係頂多只是朋友，但是隨著我們愈來愈親近，我漸漸感到內疚，認為不該花那麼多時間跟她在一起；接著更是感到超級內疚，因為我跟梅麗莎以外的女人在一起竟然覺得開心。我甚至不禁納悶，我到底該不該跟雅主音當朋友。

我記得，在二〇〇二年秋末，有一次我一個人獨處，突然感覺內疚沉重地壓住我。我大聲說：「天啊，我沒辦法這樣做。」

我開始躲避雅主音，我們相遇的時候，我會說：「嘿，妳好呀！抱歉，我有事先走囉。」我沒有告訴雅主音，我是故意躲著她，不過她後來告訴我，她看得出來我故意躲著她。她跟一個朋友說過，她認為我會告訴她，說我們不能再膩在一起了。

我故意跟她拉開距離，卻反而發現自己好想要跟她在一起，我總是不停猜想她在做什麼，接著跑去帳篷附近，試圖「巧遇」她。每次沒找到她，我就好失望，一天比一天更加惦念她，想念她溫柔逗趣的個性。我所認為的我們兩人之間的差異，能夠證明我們不是對方喜歡的類型嗎？我開始認為，或許，我們的關係其實證明了個性相反的人可以互相吸引和互相彌補。

不過我最想念的是她渴望了解神的模樣，她告訴過我，說梅麗莎激勵了她，她想要跟梅麗莎一樣，「為主犧牲一切」。

我發現我喜歡雅主音，不只是普通喜歡，而是真心喜歡，對，是真心喜歡。雖然當時我不曉得，但是她對我也有相同的感覺。

雅主音認為我可能也喜歡她，因為有一次我們一群人在打撞球，我故意讓她贏我。我生性爭強好勝，重視公平競爭，不習慣故意輸掉。

不過為了討好雅主音，我可以破例。

分道揚鑣

「上帝，」我禱告，「怎麼會這樣？我跟雅主音在一起很開心，但是又感到內疚！」

「如果我賜予你恩典。」祂對我的心說，「你就別多問。儘管接受我的恩典。」

我以前在禱告的時候跟上帝爭論夠多了，因此我立刻接受祂的回答。

接著我想起了從醫院開車回家時，梅麗莎曾經告訴我：「我要你知道，如果我走了，你可以再找別人，你不用等，你不用為我哀傷太久。」

當時我不想聽那些話，我們還有硬仗要打，因此我也不了解為什麼梅麗莎要說那些話。不過此時我恍然大悟，她的話是多麼無私，她是多麼睿智，能把那麼難說出口的話，說得如此輕鬆。

跟雅主音愈走愈近，雖然令我開心，但也令我害怕。梅麗莎上天堂之後，我全神貫注事奉主，這是我唯一想做的事。我沒打算再談戀愛，也沒有認真想過有朝一日我可以再談戀愛。

喪偶之後，我變得非常害怕伴隨戀愛而來的巨大風險，我完全不想再承擔那樣的風險，這就是我全心全意事奉主的原因之一。就只有我和上帝——沒有別人，心無旁騖，非常美好又安全。

「怎麼會這樣？」我心想：「我得踩煞車！我不能展開另一段戀情。我根本不想談戀愛。」

我必須中斷我們的關係，以防繼續發展下去，於是我約雅主音吃晚餐，要告訴她，我們的關係必須到此結束。我們去奧克拉荷馬市的蘋果蜜蜂餐廳，我感覺雅主音預料到有事即將發生。我知道我必須說什麼，卻沒有想清楚該怎麼說。

我們先閒聊一會兒再點餐，接著繼續閒聊。餐廳裡高朋滿座，我們附近的餐桌談話聲十分吵雜。我從頭到尾都在想，該怎麼開口說出我必須說的話。

最後，我決定要在餐點送上桌之前講出來，因為這不是什麼愉快的話題，不適合一邊吃東西一邊談。

我看著餐桌對面的她，她也盯著我瞧。

「妳能想像跟我共度餘生嗎？我是說，妳覺得妳可以嫁給我嗎？」

我不確定雅主音想不想問「你在說什麼」，但是我很想這樣問我自己！我無法相信我竟然說出那些話，那些話跟我原本想說的「聽我說，抱歉，這樣不對，我還是想當朋友，但是……」完全相反。

雅主音一臉驚訝，但是保持微笑。「可以呀。」她說。

「好吧。」我格格笑說，「我得坦白說——今晚約妳來，是想跟妳斷絕關係。我一直覺得好內疚，也很不確定。我實在受不了了。但是我卻說不出口，反而講出那些話。我吃了太多苦了，沒辦法忍受隨便玩玩的關係，所以，我希望妳不介意我直接問這麼嚴肅的問題。」

「我完全不介意。」她回答，「我很高興我們可以這樣開誠布公。」

服務生端來我們的主菜，我們倆都一直撥弄著菜，沒吃幾口。我想大部分的時間我們都坐著盯著彼此看，心裡納悶著剛剛發生的事是不是真的像我們所想的那樣。

與神同在音樂祭在感恩節之前結束，我不想跟雅主音分開。分道揚鑣時，我們真的是各奔西東，雅主音的樂團在田納西州的納什維爾（Nashville）駐唱，我依然住在加州。我們對照了彼此的行程表，估算大概至少要一個月後，我們才能再度相逢。

還好有手機，真是謝天謝地呀！我們幾乎天天聊天，經常一聊就是好幾個鐘頭，有時候甚至聊到半夜三四點。儘管是透過電話，我們還是跟以前當面聊一樣，聊得很深入。我想大概不用說也知道，我們天南地北無所不聊，因為我們必須大小事都聊，才能那麼常講電話，而且講那麼久。

我們最常聊三個話題，第一是我們跟主的關係，第二是我們在一起的未來，第三是我跟梅麗莎在一起的那段歲月。

雅主音依舊渴望與上帝建立更深的關係，我們決定一起把聖經從頭到尾讀一遍，再來討論主對我們強調的大小事。我喜歡雅主音對於所有的心靈議題感到好奇，她問我的問題讓我覺得自己扮演重要的角色，協助她的心靈成長。顯而易見，她不斷成長，發現自己的心靈日漸成熟，我聽到她聲音裡的興奮之情，就好想陪在她身邊，而不是只跟她講電話。

在蘋果蜜蜂餐廳的對談之後，我們彼此都了解我們的關係有機會進一步發展，簡單說就是，我們感情很好，絕對「有」火花。分隔兩地打電話聊天的這段時間讓我們更加認識彼此，雖然巡迴表演期間我們花很多時間在一起，卻很少有機會可以一對一長談，因為巡迴期間基本上都是一大群人一起旅行，我們大多成群結隊，不然就是跟自己的樂團在一起。有一次，我記得雅主音和我難得能夠單獨坐在一起大約半個鐘頭，聊得很盡興，問彼此大小事，能問的都問了。我們還一起散步過幾次，不過在幾千人參加的音樂祭，完全沒辦法像在寧靜遼闊的草原上那樣悠閒漫步。

所以直到巡迴表演結束之後，我們才能夠享受不被打擾的時光，哪怕只能講電話。每跟她聊一次，我就更加確信我們必須在一起。

跟雅主音談論梅麗莎的事，對我來說是非常重要的治療環節，雅主音幫了我天大的忙，她十分成熟，我這樣說一點也沒誇張。她是朋友的完美典範，能夠幫別人背負重擔。關於梅麗莎的一切，我都可以跟雅主音聊，她總是帶著憐憫之心傾聽，許多次聊到最後，我們倆都一起哭了起來。

有幾次在談論梅麗莎的時候，雅主音告訴我：「我今天有點沒安全感。」我欣賞她能夠坦承這一點，她如果在心裡想「這是我的問題」，然後不對別人說，其實會簡單一點。不過她覺得沒有安全感，是我們倆必須一起想辦法解決的問題，她讓我知道她的感受，我才有機會告訴她，我完全沒有期望她要跟梅麗莎比較。其實，我時時刻刻提醒自己，千萬別拿雅主音跟梅麗莎做任何比較，我會告訴雅主音，說她和梅麗莎是不一樣的，接著再次向雅主音強調她自己的優點。

我們聊梅麗莎的事時，雅主音做了一件事我特別欣賞：她會問我，梅麗莎如何與神同行。雅主音會告訴我，說她聽了我告訴她的事，很佩服梅麗莎，聽起來梅麗莎與主所建立的那種關係，正是她所尋求的。聊梅麗莎的事，似乎對我們倆都有所助益，這很重要，因為這讓我能夠自由繼續談論梅麗莎——這是我治癒悲傷不可或缺的療程。

跟家人見面

行程許可的情況下，我們終於有機會十二月在加州相見，不過從與神同在音樂祭結束到二〇〇三年初，我們就只有那一次機會可以見面，因為聖誕節雅主音搭飛機回去南非家鄉，我則回去印第安納州。我知道我必須把雅主音的事告訴家人，我跟我媽說過她的事了，但是沒有說我和她多認真交往——原因之一是因為我還在釐清我有多認真，所以我請她先別告訴其他家人。

自從梅麗莎去世之後，我就沒有喜歡過任何人，我以為大家第一次聽到我喜歡上別人，反應會很強烈。我跟女生交往不是只想交往而已，如果我認為不可能認真交往，我才不會跟女生隨便玩玩，這樣可能會傷害到對方。因此，我知道家人得知雅主音的事之後，一定會馬上認為我跟她在認真交往。

雖然跟雅主音交往很開心，但是我不想要跟家人說她的事，我不知道要怎麼說出口。我思忖著是要一次向所有人公開宣布，還是要一次跟幾個家人說，分幾次說。

最後我決定一次向所有人宣布。

「你們知道便雅憫之門的那個女孩嗎？」我問。大家還沒來得及回答，我就趕緊接著說：「我真的很喜歡她。我們在交往。」

呼！終於說出口啦！

我的姊夫（四月的老公阿崔）說：「太棒了，兄弟！」我想那是唯一的正面反應。我的家人都非常溫柔體貼，但是他們聽到我在跟別人交往，都十分驚訝。我希望他們不要只是驚訝，在我為了再度戀愛而感到內疚之後，我真的需要支持。

我了解他們為什麼會感到驚訝，因為除了梅麗莎，他們從來沒聽過我那樣誇獎別的女人，而且他們知道我們大概已經很認真交往了。再說，雅主音是基督教搖滾樂團的主唱，這樣的刻板印象完全出乎他們所料，他們沒想到在梅麗莎去世後，我會跟那樣的人交往（他們當時還不知道雅主音其實溫文儒雅，後來他們見到她就喜歡上她了）。

在印第安納州的時候，手機簡直就像黏在我的耳朵上，我爸注意到，雅主音去探視她父母的時候，我還是成天跟她聊天。有一天，我爸說要跟我談談，要我確定我決定跟她交往，不是單純感情用事。我爸問我能否暫時不要跟她說話，花點時間禱告，詢問主對雅主音和我有什麼安排。

我跟我爸說我會禱告。我把跟我爸的談話告訴雅主音，她也認同我們應該暫時不要講電話，全心為我們的事禱告。

我們一個星期沒有聊天，我好想跟她講話，不過我在那段時間認真禱告，確定了我對雅主音的感情。我想那個星期也讓我的家人有時間接受事實，也就是我在梅麗莎去世之後愛上了別人。他們有料到我終究會再談戀愛，展開新戀情，甚至可能會再結婚。我仍舊在想辦法讓自己不要感到內疚，在我宣布戀情之後，換他們必須開始想辦法接受「我的新女友」。那個星期很重要，因為我可以親自跟家人一起面對這個過程，而不是分隔兩地。

插個輕鬆的話題，我們一個星期沒有打電話給對方還有另一個好處。雅主音回到美國不久後，大概就是收到上個月的手機費帳單時，我們才發現國際電話有多貴，我得幫她繳超過七百美元的電話費。

雅主音從南非回到美國之後，我的家人準備跟她見面，我開了三百五十英里的路程，到納什維爾機場接她。我們先去吃晚餐，並且認定這是我們第一次正式約會，用完餐我就帶她回去拉法葉，介紹給我的家人認識。

雅主音馬上讓我家裡的每個人讚不絕口，不過我實在不知道是誰對她比較刮目相看，是他們還是我？我是說真的。

跟男友的父母初次見面就已經夠難了，如果男友的家裡到處都是男友和第一任妻子的合照，更是難如登天。

雅主音卻處之泰然，我看見她不只跟我的家人互動融洽，談論起梅麗莎的事，也是神色自若。我不禁暗自讚嘆：「她真的是上帝賜予我的真命天女啊！」

我的家人看見我跟梅麗莎以外的女人在一起，一時間有點難以接受，這點她完全了解。雅主音完全沒有顯露任何一絲不安，我想大部分的人遇到那樣的情況，至少都會感到些微不安吧。

我們後來聊到那次造訪時，雅主音告訴我：「我去那裡不是想要取代梅麗莎，或者問：『我的位置在哪？』我想要去支持大家，而不是取代任何人，我不希望你的家人認為必須忘掉梅麗莎，我希望他們覺得自由，心裡有什麼感受，就怎麼想。」

雅主音和我媽特別合得來，有一次她們一起去大賣場，我媽鉅細靡遺分享我們全家跟梅麗莎經歷的一切，還有梅麗莎對我們所有人有多重要。後來我媽告訴我，說她談論梅麗莎的時候，看得出來雅主音的眼裡流露出深切的憐憫之情。聊完之後，兩個人都哭個不停。

我們感覺雅主音彷彿跟我們當家人好多年了，我們所有人都聊到三更半夜，有幾天晚上，大家都睡了，只剩我媽和雅主音還在廚房的餐桌繼續聊，聊到半夜三四點。

然而，即使我家人和雅主音相處愉快，他們心裡還是過不去。有一次我跟爸媽獨處，我讓他們知道我是多麼真心喜歡雅主音。「她是我的真命天女。」我告訴他們。這話他們覺得不中聽，我媽聽了格外難以接受，我姊得知我這樣說，也是難以接受。他們不贊同，跟雅主音沒有關係，是因為他們心裡依舊難過，無法忘記梅麗莎。

他們並沒有向雅主音透露她們心裡的感受，我想，她公開談論與讚美梅麗莎，讓他們更容易接受雅主音和我正走在戀愛的道路上。

第15章 上帝才是焦點

雅主音拜訪我爸媽之後，我們就又回到各自的樂團，各奔東西。對我而言，這是一種新的體驗。

在與神同在音樂祭，我們跟一群樂手一起旅行，我很走運，可以搭巴士，但相對而言，那次旅程也很短，只有到四十個城市演出。

然而，在二〇〇三年，我的工作行程有三百天在外奔波，其中有兩百二十天要表演。而且這次我們沒有巴士可以搭，必須搭拖著拖車的箱型車。有時候，我的樂團只有我和鼓手雷夫，我們負責幫貝波．諾曼（Bebo Norman）暖場。對了，雷夫是在與神同在音樂祭的不久前加入我們的樂團，現在仍舊是我的鼓手。

跟貝波巡迴表演之後，我們組了四人樂團，我買了我們的第一輛巡迴箱型車，雪佛蘭馬克三代（Chevy Mark III），偶爾必須漏夜開車趕到下一個表演地點，我們會輪流睡在後側的一張床上。我也會跟陶壺子（Jars of Clay）一起開演唱會，也會參加小時候跟家人去過的肯塔基州基督魚音樂祭。

那一年是我第一次全年巡迴表演，我徹底見識到音樂界令人洩氣的一面。有一次，我們從加州南部一路開車到加拿大東部表演，承辦人始終沒有付錢給我們。

這一行不好待呀，許多表演很難不欠債，大部分的人聽到這種事都非常震驚。像我當時那種菜鳥藝人，幾乎到任何地方都得表演、宣傳自己的名號、收攬歌迷、銷售足夠的唱片，才能讓唱片公司開心，有興趣在合約到期的時候再續約。

我曾經開玩笑說，第一年全年巡迴表演時，我在髒兮兮的小穀倉表演過。其實我沒有，不過當時要是有農夫邀請我，說他的穀倉裡有很多插座，夠插所有的延長線，我真的會去。

有三十到五十個人來聽的演唱會，我都記得；在演唱會上看見有一百五十個人到場，我會欣喜若狂，這樣說一點都不誇張喔。有一天晚上，有六百人到場看表演，我嚇傻了。

在一次旅行期間，我的皮夾子被偷，下一次回到加州時，我到機動車輛管理局申請新駕照，我急忙走向入口，一邊跟雅主音講手機，就在此時，一名看似無家可歸的年輕人走過來對我說：「嘿，老兄，有錢嗎？」

我一心趕著去辦駕照，於是說：「沒有，抱歉，老兄。」我停都不停就走進機動車輛管理局辦理駕照。在裡頭等待取得新駕照之際，我開始覺得過意不去，認為不應該不理會那個人，於是我這樣禱告：「主，請給我機會再遇見那個人。」

在機動車輛管理局辦完事之後，我開車到附近的「來去漢堡」（In-N-Out Burger），在餐廳外頭，我又看見那個人了。我實在難以置信，我好開心，上帝又給了我一次機會，這次我不會再錯過了。

我走過去對他說：「嘿，老兄，進去吧，我請你吃午餐。」

我們點了餐到餐桌坐下，我先為這一餐禱告，然後請他說說他的故事。

他叫大衛，他真的無家可歸，他說他吸食海洛因和喝酒成癮，他老婆把他掃地出門，他住在橋下一陣子了。說完他的故事之後，他開始問我問題。

其中一個問題是我做什麼工作。

「我是基督教音樂歌手。」我告訴他。接著他問我的名字。

「傑洛米。」我回答。

「你不會是姓坎普吧？」他問。

我點點頭。他竟然知道我是誰，著實令我大吃一驚。

大衛告訴我，說他離家之前，有個朋友送他我的第一張唱片。我們一邊吃午餐，一邊談論主、我的音樂和我們的故事。接近尾聲的時候，我強烈覺得我應該好好鼓勵大衛。

「上帝會讓你的婚姻破鏡重圓的。」我告訴他，「希望你能重新振作。祂在這個時候把我帶到你的生命中，肯定有原因。」

我們禱告完後，我把皮夾子裡的錢全都給了大衛，二十六美元，也把我的電話號碼給他。我告訴他，說需要幫忙就打電話給我，也請他偶爾打電話給我，讓我知道他的狀況。

大約八年後，我收到一封電子郵件，寄件人自稱她的老公是我很久以前在一家漢堡店遇到的毒蟲流浪漢。她問我還記不記得遇到那個流浪漢，我當然記得。那名女子說大衛現在洗心革面了，他們破鏡重圓了。她說她之所以寄電子郵件給我，是想要給她老公驚喜，安排他和我重逢，問我能不能幫助她完成願望。

我緊緊抓住這個機會，安排相見。結果上帝幫助大衛徹底修補了婚姻，他和老婆相處融洽，他們有一個兒子，我也有幸見到。這次重逢著實令人開心，讓我萬分感激，我在機動車輛管理局外忽視大衛之後，聖靈給了我第二次機會。

這是我最喜歡提的範例，這證明了當聖靈提醒我們去幫助別人的時候，我們一定要全力伸出援手，我們永遠不會知道遵從神的指示會開什麼花、結什麼果。這也讓我明白了，如果我的皮夾子沒有被偷，我可能就不會遇見大衛。這讓我重新改觀，謹記在心，當我們身陷困境的時候，可能是上帝在運籌帷幄，祂能把困境變成見證祂的榮耀。

求婚

雅主音和我得不停幫手機充電，因為打電話仍舊是我們的主要通訊方式，只有寥寥幾天，我們兩人離得很近，而且其中一人有空，我們才會開幾個鐘頭的車相見。

我們的戀愛經歷過一些波折，跟大多數的情侶在戀愛過程中經歷的沒什麼兩樣，不過遇到起伏，我們不只會一起禱告，也會獨自禱告，而且我們會開誠布公討論，來解決問題，那些坦誠的討論，證明了我們兩人都是認真看待我們的感情。每經歷過一次波折，我們就更愛彼此。

每年春天，福音音樂協會（Gospel Music Association）都會舉辦「福音音樂協會週」，基本上那是福音音樂產業的年度盛會，幾乎基督教音樂產業裡的每個人都會出席，福音音樂協會「金鴿獎」頒獎典禮是那一週的壓軸好戲。

因為我要去納什維爾參加福音音樂協會週，所以能夠見到雅主音；因為我能夠見到雅主音，所以我帶了一只漂亮的戒指。

那個星期我忙得不可開交，媒體說我是「嶄露頭角」的新人歌手，我接受了很多媒體的採訪。我還要參加許多宣傳與行銷活動。雅主音也是忙得焦頭爛額，所以我們見面的時間不多。

不過，我們決定一定要在那個星期的其中一個晚上一起吃晚餐。不過什麼時候呢？便雅憫之門獲得提名金鴿獎「年度最佳現代搖滾／另類專輯」，但是雅主音倒不期待她的樂團能夠獲獎，因此我提議我們在金鴿獎頒獎典禮的時候去用餐。她問我說，即使沒有要去參加金鴿獎頒獎典禮，我們吃晚餐的時候能不能盛裝打扮。

晚餐？盛裝打扮？聽起來像是求婚的好時機啊。

我在公園餐館（Park Cafe）訂了位，安排一些事，然後就去接雅主音。忙碌了一個星期，我們倆都累壞了，前往餐廳的路上，我們一邊聽敬拜音樂，一邊聊那個星期發生的大小事，雖然身體疲憊，但又覺得心平氣和。

餐廳保留了一張靠窗的餐桌給我們，附近只有一張餐桌，十分安靜，不僅適合聊天敘舊，更重要的是，非常適合那頓晚餐的第一要務。

我裝得若無其事，但是心裡好緊張，還有點不知所措。我們點了晚餐就繼續聊在車上聊的話題，我心頭小鹿亂撞，難以掩飾。

我告訴雅主音說我得上個廁所，不過其實我是去把訂婚戒指交給一位餐廳員工，安排我等等要演出的大驚喜。

餐點送來了，我們吃了一頓美饌佳餚。用完餐，服務生送上幾個裝飾漂亮的小盒子，看起來像是裝著巧克力或其他甜食，其實要送給雅主音的戒指就在她面前的盒子裡。但是她卻沒有打開那個盒子！我們繼續聊天，我焦急地等她去拿那個盒子（此外，我也想確認一下，從我手上接過戒指的那個服務生沒有端詳過戒指後立刻決定辭職，把戒指拿去當鋪典當）。

我在餐桌下預藏了一台小型音響，我一邊擔心雅主音會不會打開盒子，一邊把手伸到桌子底下，盲目撥弄著音響。雅主音一頭霧水地看著我，我的腳在桌子底下動來動去，我拼命裝得若無其事，結果還是被發現了。

最後，我索性直接把音響從桌子底下拿起來，這樣我才看得見按鈕，開始播放〈我在這裡敬拜〉（Here I Am to Worship）。雅主音告訴過我幾次，她走紅地毯的時候想要播放這首歌。

她的歌曲開始演奏後，我就站起身，走到她那邊的桌側，拿起她的盒子打開來，拿出戒指。接著我單膝跪地，問：「妳願意嫁給我嗎？」

「願意！」雅主音說。

當時坐在附近那張餐桌的那對情侶停止聊天，盯著我們瞧。「噢！我的天呀！」我單膝跪地的時候其中一個人驚嘆。雅主音答應之後，他們立刻恭喜我們。

我們離開餐廳後，至少花了三十分鐘打電話給各自的家人和好友，告知喜訊。接下來怎麼慶祝呢？唉，我們又各奔東西了，我那天晚上就啟程，繼續巡迴表演，大約過了一個月後，我才又見到我的未婚妻。

分手（但不是我們）

我們訂婚，意味雅主音跟便雅憫之門正式拆夥。雅主音回南非過聖誕節的時候，她就對樂團的狀況有所不滿，尤其是在心靈層面，她請家鄉的家人朋友跟她一起為樂團的未來禱告。

那段時間雅主音壓力很大。她不是樂團的創團成員，樂團在她加入之前就成立了，所以樂團的名稱不是叫「雅主音與便雅憫之門」，不過在任何一個樂團，主唱都是扮演最重要的角色。雅主音擔心自己離開，其他團員的音樂生涯可能會就此結束，而且她也喜歡跟團員們一起表演與相處。

他們全都來自南非，便雅憫之門幾乎是他們在美國擁有的一切，每個團員都犧牲一切，離鄉背井，期盼能一起在這裡闖出一番成就。換掉主唱，許多方面都必須重新來過，雅主音認為其他團員不會想重新經歷那一切。

雅主音回到美國之後，跟便雅憫之門的其他團員相聚，準備解散樂團，她實在是難以啟齒，一開始團員有些負面的反應，這我們都能夠理解。不過討論一會兒後，所有人就達成共識，決定解散樂團。

由於我們的關係發展明確，團員們決定等到我們訂婚，這樣他們拆夥才能拆得圓滿，好聚好散。雅主音答應再留九個月，把行程表演完，這樣他們解散的時候才不會負債。我們訂婚之後，便雅憫之門正式宣布要解散，雅主音和團員們繼續表演到九月。

結婚計畫

雖然雅主音和我能見上幾次面，但這跟我們想要的天差地遠。雅主音在沒有我的陪伴下，獨自去拜訪我的家人幾次，甚至七月還到拉法葉跟他們一起慶祝她的生日。她告訴我說，大家都已經把她當成自家人，而且我爸媽是她所認識的最虔誠的基督徒。她好羨慕他們跟主的關係，鉅細靡遺詢問他們，在梅麗莎上天堂之後，他們如何始終跟祂走得那麼近。

雅主音喜歡去了解我媽的內心感受，她們倆馬上就變得格外親近，我媽變成好像雅主音的良師益友。我媽成為我未婚妻的良師益友，各位可以想像這有多酷嗎？

我爸老是把雅主音逗得哈哈大笑，他對於美國和雅主音的祖國之間的差異深感興趣，卻老是把南非和澳洲搞混。

起初我爸詢問關於「澳洲」的問題時，雅主音會十分認真地回答，因為她有一個叔叔住在澳洲，後來她發現我爸其實是要問南非的事，她會根據她叔叔說過的話來描述澳洲的生活，接著逗趣地說：「不過在我住的南非……」

我們商定好十二月要在南非舉辦婚禮，雅主音訂了一座教堂，大小事幾乎都打點好了。不過在大約婚禮的三個月前，雅主音得知因為便雅憫之門解散了，加上我們即將結婚，她可能會申請不到簽證。

有人建議她，如果離開南非的時候被問到身分的問題，只要說謊就能回到美國，不會有問題。不過我們怎麼可能說謊，所以我們得把婚禮改到美國舉行。

雅主音很快就把變更婚禮地點的事情辦妥，只有一件事例外。南非的季節跟美國這裡相反，幫她製作禮服的那位朋友所製作的禮服，是適合南非的溫暖天氣，因此雅主音在十二月的印第安納州結婚時，必須穿袖子非常短的禮服。九月雅主音跟便雅憫之門拆夥之後，她就沒地方住了，於是她搬去跟我爸媽同住，住在多出來的臥室裡。至少這樣她就有機會跟我媽一起打理婚禮細節，好讓她們能夠傳承經驗。

我爸媽在地下室清出一個地方，作為婚禮籌備處，好讓她處理布置會場和邀請賓客的事情。雅主音親手製作每一張請帖，總共有一百五十到兩百張。她還跟著樂團到處表演的時候就開始製作請帖了，還沒輪到她開車的時候，她就坐在座位上寫請帖。規劃婚禮和我們的未來，讓她比較不會去想便雅憫之門即將解散的事。

她搬到我爸媽家之後，有一天，我爸媽在瀏覽家人的照片，結果看到幾張我和梅麗莎的合照。我爸從椅子上站起身，走過去給雅主音一個大大的擁抱。「希望妳明白，」我爸告訴她，「我們愛梅麗莎。不過她現在與耶穌同在，而妳在這裡。我們把妳當成一家人。」我爸也告訴她：「上帝挑選妳作為藥方，幫忙醫治我的兒子，你是治療傑洛米的要素。」

還有一次，就在婚禮前，我媽向雅主音談論梅麗莎和我的一張婚禮照片，那張照片放在家庭室的櫃子裡。「我不知道為什麼我現在很難把那張照片拿下來，但是妳放心，妳的家人抵達這裡之前，我一定會把它拿下來的。」

雅主音完全能夠體諒，她告訴我媽不用急。即便現在說起這件事，我都覺得當時肯定很尷尬，但是其實不會，因為我媽和雅主音都小心呵護彼此的感受。

直到雅主音的爸媽羅瑞和溫蒂到印第安納州參加婚禮，我才第一次跟他們相見；不過我請求她爸答應把女兒嫁給我的時候，倒是發生了一件趣事。

雅主音在十幾歲的時候告訴她爸，如果她爸不准她嫁給她想嫁的人，她就不嫁。是這樣的，她爸跟我講過電話之後認為，我應該是個正派的人，雅主音把我的事告訴他，他也很滿意，認為女兒跟我在一起會很開心，即便如此，她爸內心還是非常掙扎，猶豫著要不要答應讓女兒嫁給他從來沒見過面的人。沒有當面跟我交談過，他仍舊猶豫要不要答應這樁婚事，直到有一天，他感應到上帝告訴他：「你不用答應——我已經答應了。」

打電話給她爸的時候，我好緊張，講話結結巴巴。

「你要娶我女兒嗎？」她爸問。

「是的。」我回答。

「雖然我沒見過你，」他說，「我本來堅持每個孩子結婚之前，我都要先見見她們的結婚對象，但是我看得出來雅主音愈來愈懂事，我看得出來她每次講到你都很開心。」

哇！太棒啦！我心想。

為了確保時機正確，我們訂婚一陣子之後，才告訴梅麗莎的家人我即將再婚。後來，雅主音寄了請帖給他們。

婚禮之前一個月左右，雅主音和我媽到加州參加為牧師妻子舉辦的靈修會，雅主音很開心能夠見到梅麗莎的妹妹梅根和姊姊海瑟。

跟梅根和海瑟見面，讓雅主音有機會告訴她們她很敬佩梅麗莎，也從她們口中得知更多關於梅麗莎的事。雅主音從一開始就跟她們相談甚歡，後來也一直保持聯繫。後來有一次聊天時，海瑟告訴雅主音，說梅麗莎去世之後，她跟上帝變得更加親近，她比以前更強烈感受到主的撫慰，因此，她的靈修也比以前更加深入。

在牧師妻子靈修會中，雅主音也見到了強．寇森的第二任妻子泰彌。當然，我跟雅主音說過強對我有多重要，我在夏令營聽了他的演說，才恍然決定重新全心事奉主；梅麗莎去世後，他在他家勉勵我和梅麗莎的哥哥萊恩。強在悲劇中失去了第一任妻子，泰彌是他的第二任妻子，因此泰彌能夠用寶貴的智慧來勉勵雅主音。

泰彌告訴雅主音：「有些事不要去想，不要拿自己跟別人比較。」接著她預先提醒雅主音婚姻中可能會發生什麼事，舉例說明她如何處理強的第一任妻子引發的各種情況與留下的種種回憶。

儘管我已經刻意避免拿雅主音和梅麗莎比較，然而，當然，雅主音依舊偶爾會自己在心裡比較。每當這種情況發生，她和我就會開誠布公討論，不過聽見泰彌提醒不要跟別人比較，仍舊讓雅主音受益良多。

泰彌的丈夫是個會公開分享見證的牧師，因此她也提出了一個獨特的問題，她知道雅主音必須在結婚之前解答這個問題。泰彌問的這個問題，我要是雅主音，我實在很難回答：「如果傑洛米在台上從來不分享妳的事，只分享梅麗莎的事，妳能接受嗎？」

雅主音回答說她能接受，因為她目睹過上帝所顯現的一些神蹟，不只透過我憑信心而行的見證，也透過我所說的梅麗莎的人生故事。

雅主音跟我談論她和泰彌所說的話時，她告訴我說，她把那個問題謹記在心，好提醒自己，焦點不是她，甚至也不是梅麗莎，是上帝改變了無數人的人生。

我也謹記在心，因為我必須到台上分享故事，用歌曲唱出自己的那段人生。焦點完全不是我，是上帝。

第16章

追尋內心的根源

雅主音和我在二〇〇三年十二月十五日結婚，在拉法葉舉辦小型婚禮，因為當時我爸媽的教會成員都在一家咖啡廳聚會，所以我們在一家比較老舊的教堂結婚，裡頭有大型彩色玻璃窗。

婚禮開始的時候，我站在教堂前側，凝視著紅地毯的另一端，第一次看到雅主音穿著結婚禮服，我的心臟怦然狂跳。接著她到紅地毯的尾端站定位，看到美麗的她，令我驚為天人。我至今仍舊記得她當時笑得多燦爛，我看得出來她滿心歡喜，這讓本來就總是開開心心的我又更加心花怒放。雅主音是我的完美妻子，不只是上帝賜予的大禮，也是另一個獲得救贖的希望。

婚禮由我爸主持，我轉過頭去看，竟然發現他在哭。我心想：「我的天呀，鎮定一點！你一會兒就得在賓客面前說話耶。」

雅主音走紅地毯的時候，播放的不是傳統的〈結婚進行曲〉，而是〈我在這裡敬拜〉。

我們的朋友尚盧帶領我們和賓客敬拜，我強烈感覺到主就在那座教堂裡。這正是我們想要的，因為我們希望婚禮現場能夠明確呈現上帝的榮耀，為我們未來的共同生活定調。雅主音的藝術天分也讓婚禮現場能夠呈現出那樣的氛圍。她為婚禮禱告時，冠冕這個主題不斷浮現腦海。有一次禱告，主把〈以賽亞書〉第35章第10節放到她的心上：「蒙上主救贖的人要回到耶路撒冷，興高采烈地歡呼歌唱。他們要歡欣快樂，不再憂愁悲傷。」

她認為那是主給我們的承諾，承諾會徹底消除我生命中的憂愁，我必得歡欣快樂，喜樂必歸到我們的頭上。

雅主音喜歡冠冕和強調上帝是君王，在每張請帖上，她都附上一個她用金屬線做成的小王冠，並且在王冠下面寫〈以賽亞書〉的那節經文，作為主賜予的承諾。至於婚禮，雅主音也作了王冠讓花童和戒童戴。從請帖到婚禮，我們想要清楚表達耶穌是我們倆婚姻的君王。

婚禮上大家都心潮澎湃，感動落淚，我哭了，雅主音也哭了，我爸在教堂前面也哭了。我爸哭得像淚人兒，跟他主持我的第一次婚禮一樣。

我們的結婚誓詞有別於傳統，誓詞是我們自己寫的，沒有「直到死亡將我們分開」或「在我們有生之年」這兩句，刪掉這兩句並不是因為我不敢在與雅主音的婚姻中許下這樣的承諾，我從以前到現在都全心全意愛著她，但是我實在很難去想那兩句話，尤其是第一句。想到要在婚禮上說出死亡那兩個字，就感覺那兩個字彷彿會朝我撲來，會刺激到我那些仍舊脆弱的情感。雅主音十分體諒，支持我那樣做。

我也想要小心保護雅主音的感受，這是她的第一場婚禮，我知道大部分的新娘從小就會幻想結婚那一天。無庸置疑，雅主音運用天賦創意，耗費了許多心思來籌備婚禮，我希望那天能夠成為雅主音永生難忘的日子。在婚禮上從頭到尾都掛在她臉上的燦爛笑容，告訴我那天確實令她永生難忘。

我媽後來說，婚禮上最吸引她目光的，就是穿著婚紗、明豔動人的雅主音。我媽說我們訂婚之後，雅主音搬來跟他們一起住，在那段期間，她親眼目睹雅主音從害羞溫柔的女孩，蛻變成自信滿滿、虔誠敬神的女人。在婚禮上，那圓滿的蛻變深深感動我媽。雅主音和我好開心，因為我們走出那座教堂之後，人生即將進入新的篇章。度完蜜月之後，我們用短短一個月就賣掉了加州的房子，打包所有家當，搬到拉法葉，這樣我們沒有在外奔波的時候，就能跟我的家人在一起。

進入婚姻後，我們開始討論要生孩子，我們想要有三四個孩子，我們倆都很喜歡孩子，期待建立家庭。其實，我們十分渴望建立自己的家庭，所以呢，我們很快就建立自己的家庭了。

我們沒有決定立刻生小孩，不過也可以這樣說，我們也沒有故意不生小孩。

結婚大約兩個月後，我們發現雅主音懷孕了，這對我們不是什麼大驚喜，但是從我們口中得知消息的人都認為這是天大的驚喜。我確定我們宣布這項消息之後，有些親友瞬間變成數學大師，仔細推算起來：「如果他們在十二月結婚，孩子預計在九月底出生，咱們算算看，這樣是一個月、兩個月、三個月……」別擔心，我們完全遵守聖經的規範！

二〇〇四年九月，小名貝樂的伊莎貝樂出世，一年半之後，小名阿雅的雅瑞音加入我們家，這兩個女兒是我這輩子最棒的禮物。當爸爸讓我眼界大開，對人生徹底改觀，在她們還很小的時候，還不會爬，甚至在搖籃裡還不會移動，我就著迷地看著她們開始探索周遭的世界。

觀察她們，讓我好想擁有跟孩子一樣的眼睛，來觀看上帝把我擺在裡頭的這個世界。我認為有孩子的其中一個好處是，可以觀察到在她們眼中，世界一點都不複雜。對小孩子而言，生活很單純，是我們漸漸長大，把生活變得愈來愈艱難、複雜、混亂，庸人自擾。一群大人——也就是耶穌的門徒——幼稚地爭論他們之中誰上天堂後會是最優秀的，難怪耶穌聽到後會對他們說這番話：「我實在告訴你們，除非你們回轉，變成像小孩子一樣，你們絕不能成為天國的子民。」[14]

然而，貝樂和阿雅的出世，也給我帶來了一些新的恐懼。我無法解釋原因，雅主音和我結婚之後，我從來不會害怕她會死掉，但是兩個女兒出生之後，我卻焦慮了起來，心裡擔憂，上帝會不會想帶她們其中一個回家？我好擔心她們其中一個或兩個會死掉，所以我常常緊緊抱住她們，拼命祈求上帝保佑她們。

那股恐懼非常真實，上帝必須不斷幫我消除恐懼，歷歷可證，承受害怕貝樂死掉的恐懼一年半之後，阿雅出生，我再度感受到同樣的恐懼。

十字架底部

有一次，我告訴上帝我有多疼愛我的女兒，也訴說我有多害怕她們其中一人會死掉，上帝終於對我的心說話，語氣溫柔，卻又十分堅決，彷彿要我別懷疑：你不明白我有多愛你嗎，傑洛米？我十分愛你，遠勝過你愛你的孩子。

我一直期盼上帝會告訴我「我也愛你的女兒，她們絕對會平安無事的」之類的話。不過這些年來我從上帝那裡了解到，祂比較喜歡從根源幫我們解決問題，雖然有時候我會滿腦子擔心女兒會發生災厄，但是其實恐懼是表面問題，上帝想要從根本幫我解決問題：我必須更清楚了解祂的愛。

我沒有立即恍然大悟，不過上帝開始帶領我深入了解祂的愛有多深，聖經上說「神就是愛」[15]。祂的品格、祂的本質，就是愛，愛就是祂。我當時實在是難以領會這個真理，因為我是用受到侷限的凡人思維在思考。

我們的愛是有條件的，不論我們如何相信自己的愛是無條件的，我們總是會對我們的愛附加條件，我們可以說我們會死心塌地愛著某人，不過被對方打臉拒絕太多次之後，我們就會改變心意。

14〈馬太福音〉第18章第3節。
15〈約翰壹書〉第4章第8節。

上帝的愛是完美的，祂的愛沒有條件，無論遭遇什麼情況，都不會改變。我們的主、我們的君王，能把我們看得一清二楚，如果我們對自己完全坦誠以對，就知道我們是多麼粗鄙。

我們的愛不可能是完美的，但是上帝的愛卻絕對是完美的。我們有愛，但是神就是愛，這兩者之間有微妙的差異，我希望我能夠說我完全領會其中的差異，但是我實在沒辦法，我仍在努力理解。然而，我知道有一個方法可以擺脫活在恐懼（比如說害怕死亡的恐懼）之中，那就是深入了解祂是多麼疼愛與照看我。我愈是相信天父深愛我，祂的愛是完美的（無條件的），我就愈容易相信萬事都將平安。

信任我就對了。上帝告訴我：信任我。信任我。信任我。

那天我繼續禱告，上帝又提醒我〈約翰壹書〉第4章第18節：「有了愛就沒有恐懼；完全的愛驅除一切的恐懼。所以，那有恐懼的就沒有完全的愛，因為恐懼和懲罰是相關連的。」

這段經文撫慰了我的心靈，每當我感覺到恐懼襲上心頭，不管是什麼恐懼，我都會在腦海裡反覆默唸這段經文。不再鑽牛角尖，多想想上帝多麼疼愛與照看我，幫我消除了許多恐懼。

其實這句話透露出我仍舊會感到恐懼，為恐懼所苦。

在我開始面對「害怕其中一個孩子會死掉」的恐懼時，我才恍然發現，其實我害怕的是梅麗莎去世帶給我的那種痛徹心扉，那種痛令我無法忍受，我好怕再經歷一遍。因為我已經走出那段痛苦的經歷，所以我知道不論我發生什麼事，我終將能熬過一切苦難，但是我還是害怕再次經歷那種痛苦。

我真希望可以找到一段經文，向我保證我絕對不會再經歷那種痛苦，我找過許多次，有時候找得好絕望，始終找不到這樣的經文。不過我在聖經倒是可以找到一個又一個的故事，描述某些人經歷苦難，上帝從頭到尾一步一步陪著他們走過苦難。

那就是上帝正在做的事，幫我根除恐懼。

祂一步步帶我同行，直到我能夠堅定地說：「主，將來不論我必須面對什麼痛苦，我相信祢都將與我同行。有祢的恩典，我就不會懼怕痛苦。」

彼得（伯多祿）說我們終將能在上帝的永恆力量中獲得喜樂，哪怕「現在因種種的試煉或許必須暫時受苦」[16]。

在〈哥林多後書〉第4章第16到18節，保羅也深入談論這個主題：

因此，我們從不灰心。雖然我們外在的軀體漸漸衰敗，我們內在的生命卻日日更新。我們所遭受這短暫的痛苦要為我們帶來無可比擬的永久榮耀。我們並不關心看得見

16〈彼得前書〉第1章第6節。

的事物，而是關心看不見的事物。看得見的是暫時的；看不見的是永恆的。

同樣地，要克服恐懼和忍受苦難，歸根究柢還是要能夠保有永恆的視角。在承受苦難的時候，會覺得這個真理不中聽，因為當時我們當然不會認為我們的苦楚即將成就任何榮耀。不過苦難是暫時的。

承受苦難的時候，我當然不會那樣認為，不過漸漸地，我發現事實確實是如此。上帝伴我同行的那些苦難煉淨了我。苦難沒有定義我——我不是「因為妻子去世而獲得強力見證的那個人」。苦難煉淨了我，讓我更加依賴上帝。

苦難會刺痛你的靈魂最深處，從各個方面考驗你。苦難問：你真的要相信主嗎？你真的要敬拜主嗎？你真的還要事奉祂嗎？

倘若你已經被帶到深處，能夠了解與真正認識上帝的真實樣貌——能夠親身感受到祂在聖經裡所說的那個祂——並且在那樣的真理中行走，那麼對於上面那些問題，你只會回答「對」。

有位朋友痛失十八歲的兒子，那位朋友告訴我：「事發之前，我以為我跟上帝建立了堅定的關係，不過其實我只是在十字架附近的草地上。事發之後，我才走到十字架底部，待在那裡。」

那位朋友和我從我們的經歷中學到，苦難其實是機會，我們倆都不是自願要受苦的，我們別無選擇，只能承受。然而，我們可以選擇要如何應對，這很難辦到，但是我們倆都選擇站起來走到十字架底部。

坦白說，我要不是受了這苦，被迫走到那裡，我認為我絕對不會主動走到那裡。不過相信我，一旦走到了十字架的底部，我馬上就明白，我以前從來沒有如此親近我的救主。

第17章 真正重要的事

主繼續使用我自己的經歷，讓我寫出歌曲，引起歌迷共鳴。令我驚喜的是，有些歌迷會跑來告訴我，我的歌和我的見證如何感動他們，帶給他們鼓舞和希望。

雅主音和我結婚之後的那兩年內，我在音樂上有長足進步。在我的第一張唱片裡，有六首單曲獲得排行榜第一名，在那兩年間，我四次獲得福音音樂協會金鴿獎。唱片熱賣，廣播電台經常播放我的歌曲，我的巡迴表演經常登上頭條新聞，讓我功成名就，進而獲得更多舞台，分享心得。

然而，事工擴展，我就得付出更多心力，必須舉辦更多巡迴表演，過程中會有更多人參與，有更多後勤工作必須運籌帷幄。

不論是在基督教音樂產業，或任何類型的事工，都是如此。我是傳教士的兒子，我讀過聖經學院，我在基督教音樂界有尚盧之類的好朋友，因此我懂入門的知識，明白我的使命／事業可能會變得多耗時。我知道繁重的工作可能會變成陷阱，撒旦巴不得利用那樣的陷阱，讓我陷入歧途、耽誤正事，無法完成最重要的使命[17]。高明的陷阱設置者會告訴你，設置陷阱時，最好讓陷阱跟周遭融為一體，讓捕捉目標踩進陷阱還不自知，直到觸發陷阱才發覺，但是為時已晚。

幸好，我有忠誠的朋友，勇敢出手相助，避免我走入陷阱而不自知。

我知道我變得十分忙碌，但是，我以為那只是樂團成功所帶來的甜蜜負擔，我周遭的大小事看起來也都很順利。我仍在尋求上帝，想要運用我所做的一切來榮耀祂。唱片熱賣，我們收到一則又一則歌迷提供的故事，顯然我們達成了目標，感動了歌迷的心靈。在家裡，雅主音和我相處融洽，孩子們健康成長，我們全家過得開開心心。

但是工作步調十分緊湊，事工擴展，為了持續成長、向更多人傳福音，事務日增。我們可以僱用人幫忙工作，所以並非所有工作都落到我身上，有人安排兩輛巴士和兩輛貨櫃車，載我們巡迴表演，有人負責把貨櫃車上的東西卸下來，以及架設每場活動要用的所有設備。現在不像坐箱型車與拖車的那段日子，當時我得開車、把東西搬下車、表演、把東西搬回車上，接著再開車。

所以我不需要做更多的勞力工作，但是我負責的事情卻變多了，我的名字變成了品牌。對於這一行的這個特色，我是又愛又恨，這點無庸置疑。開進城的兩輛巴士和兩輛貨櫃車，還有跟巡迴表演有關的全部人員，都是傑洛米．坎普表演節目的一部分，如果有一個工作人員得罪別人，猜猜看會發生什麼事？被得罪的人不會提到他的名字，只會說：

「傑洛米．坎普的那個傢伙對我實在很沒禮貌。」

聘用人員的時候，我都會盡量謹慎，找優秀的人才幫我工作，但是優秀的人才也是會犯錯，而且有時候出錯是沒人控制得了的，無可避免。我們的組織變得愈大，人手就愈多，出錯的機率就愈高，這是成長造成的惡性循環。

不過重點是，一旦出了錯，都算在我頭上，砸我的招牌。

這重擔沉沉壓在我的肩頭上，我開始想辦法防患於未然，避免出問題。一旦我們出了問題——我之所以強調「我們」，是因為我們確實有人專門負責處理那些問題——我會想辦法解決。除此之外，我還得掌握我們正在規劃多少場表演、唱片銷售量、歌曲在廣播電台播放的頻率等事宜。

這些事很重要，我不能丟著不管，全都推給別人去做，我可不是懶人。其實恰好相反，我把太多事情攬到自己身上，坦白說，我越俎代庖了。

負擔過重，處理事情變得耗費太多時間，不僅對我不利，對於幫我做事的人或許也沒好處。

曾經承擔太多工作而導致時間不夠用的人，看到這裡大概會心有戚戚焉地想：「嗯，深有同感呀。」

17〈馬太福音〉第28章第18至20節。

陷阱

當我把時間拿去處理不需要由我處理的事，我跟主相處的時間就會減少，我仍舊會花時間讀聖經和禱告，我仍舊想要傳福音、事奉主，當祂強而有力的見證人。但是我跟祂相處的時間卻不增反減，確實，我跟祂相處的時間愈來愈少，我以為這樣才能為祂完成更多使命。這可能會演變成致命的陷阱，比方說，事工擴展，我就必須快速做更多決定。以前我會直接把臉貼到地板上，為怎麼決定而禱告；現在我必須倉促決定。「快呀！沒時間先禱告了！」我錯誤地這樣認為。我發現處理生意時，倉促做出來的決定很少是好的。

我掌管太多事了，不過我現在也不確定我到底實際掌管哪些事，其實應該說我誤以為自己掌管很多事吧。

我讓自己變得太過忙碌，忙著用我自以為的上上策來完成主交付的任務，我疏忽了，沒有把主放在工作之上。因此，我開始感到精疲力竭，我不想再成天埋頭苦幹了，沒有在外奔波的時候，我就錄音；沒有在錄音的時候，我就寫下一張唱片的歌；沒有在做那些事的時候，我就接受採訪，宣傳唱片或巡迴演唱。好多不同的事情把我拉向好多不同的方向。「別的事我完全沒辦法做。」我心裡想。

我必須澄清，我們執行事工時，沒有虛假欺騙，因為我總是全力確認團隊裡的每個人都會用真誠的心來做決策。但是，我必須坦承，我們的事工沒有獲得正確的指引，因為我老是擅作主張，沒有讓上帝來指引。我們到處巡迴表演賺別人的錢，不只是為了呈現精采的表演。每個「表演者」都會有幾個晚上因為感冒、頭痛、過敏、辦公室工作不順等等，而狀況不佳。有幾個晚上我也會遭遇那些問題，不過即便精疲力竭，每場活動我還是認真以對。我的目的仍然沒變：榮耀上帝。祂也繼續透過我們的活動來作工，儘管我因為工作而減少了與祂相處的時間。

其實，我認為榮耀上帝仍然是我們的目標，因此我自願背負的重擔又增加了。大家的心靈生活急需救援，我必須出手相助。跟我們一起旅行的員工必須維持生計，我是傑洛米・坎普，我必須全力照顧同行的每個人。不過我好累，精疲力竭，所以沒有太多餘力照顧別人，我自己都無法打起精神了，很難去鼓舞別人。

我想要退出樂壇，至少不想再像現在這樣，我開始思索是否應該離開音樂界，改行當教堂的敬拜帶領員，或是青年牧師。

該何去何從，我茫然不知，我走得徬徨不安。很快我就發現，這股不安就是心靈的「引擎故障」燈，但是我卻忽視它，因為我太忙了，根本無暇停下來檢查引擎。

有一天，一位我十分尊敬的牧師朋友私下問我：「傑洛米，這艘船誰在掌舵——是主，還是你？」

這個問題宛如當頭棒喝，讓我頓時清醒過來。

我很幸運，在人生中能夠認識許多人，出於疼惜而對我說真話，所以對那種問題，我早就習以為常了。不過我想他是最直接對我點出事業問題的人，我不覺得他冒犯了我，因為我很感謝我信任的人願意直言不諱給我諫言。

他的問題打醒了我。

我思索一下子就恍然大悟，一直都是我在掌舵。整個事業蒸蒸日上，都是我在操控方向，夜以繼日工作，掌控結果。

我不斷問主接下來要我做什麼，祂想要事工往哪個方向發展。我全力以赴，想要把我們所做的一切都做到盡善盡美，好榮耀祂，但是我卻不再停下來等待主的指引與批准，擅自埋首往前衝。我不是故意不聽從主的指揮，我只是不小心越權掌舵，搶在上帝前頭。

我爸曾經說：「我們有時候會忙於做主交付的工作，忙到把工作的主給忘了。」我就是那樣。

我不禁回想起事情發展的來龍去脈，以前我們家一無所有，但是我們都效法父母樹立的典範，學習知足常樂。我拿以往那些回憶來跟現在比較，發現我現在應有盡有，卻反而變得貪心不足。我是說，我功成名就了，主鞭策我進入音樂界，當時的我純真無邪、心懷感激、滿心歡喜、謙沖自牧；現在的我仍舊心懷感激，但是坦白說，這是我這輩子第一次（錯誤地）以為我不需要主來指引我。

我必須羞愧地坦承，禱告時我的心態就是「感謝上帝，從現在起由我作主」，儘管禱告時我不敢那麼放肆，說出這些話。

因此，喜樂漸漸消逝，要來「偷竊、殺害、毀壞」[18]的敵人設置了完美的陷阱，想要陷害我。我在事奉主，無庸置疑，祂在我們正在做的事裡面，有顯而易見的結果佐證了這樣的信念。不過我的種種成就——銷售量、排名第一的歌曲、獎項——是掩飾陷阱的草皮，我正直接走向陷阱，還好有個人由衷疼愛我，直言不諱質問我，改變了我的行走路線，防止我掉進陷阱。

交出船舵

透過朋友那個簡單、但卻尖銳的問題，聖靈讓我幡然悔悟，我需要退離船舵。我更加認真研讀聖經，重新把焦點放在聖經上。我花更多時間認真禱告，禱告的時候，扎扎實實把臉貼在地板上；我也求助於牧者和朋友，我知道他們能夠、也願意給我諫言，教我如何虔誠敬神，即便我沒有具體提出要求。

我們的樂團仍舊會一起研讀聖經，上台之前也會一起禱告，我們自願將讀經禱告變成每天都要做的功課，研讀聖經時，我們更是重新認真鑽研聖經的道理。

上述一切改變，讓我在生活上更加深刻感受到主的存在，當我們更加深刻察覺到上帝

18〈約翰福音〉第10章第10節。

的存在，就能更深刻察覺到祂可以對我們說話的更多方法，其中一個方法為我的人生帶來關鍵重要的突破時刻。

有一次我接受媒體採訪，分享梅麗莎的故事和我的見證，我把梅麗莎說的話又說了一遍，她說如果她因為癌症死掉，只要有一個人因為這樣而認識基督，她就死而無憾。我一說完那些話，就馬上想起有好多我認識的人——我知道肯定還有很多我不認識的人——受到梅麗莎的鼓舞，相信耶穌是救主，或者跟祂建立更深的關係。

那次採訪的其餘部分我不記得了，但是我記得掛斷電話後，感覺彷彿水壩潰堤，我哭個不停，想停都停不了。

感覺彷彿聖靈告訴我：要記住你為什麼會開始做這件事，要記住目的是什麼，要記住「只要一個人」。我禱告：「主啊，我要把焦點集中在祢身上。我要祢再當我的初戀情人。我要祢帶領我進入下一個季節。掌管一切的是祢，不是我！」

自從在山屋待三天開車下山的那天之後，那是我第一次再度那樣崩潰，主讓我徹底崩潰，但是我覺得好痛快淋漓。那天稍後，我寫了〈無法估量〉（Beyond Measure）這首歌，表明我渴望耶穌指引與掌控我人生的各個層面，包括為人、為夫、為父，以及當歌手。

（第一段主歌）

煙霧終於消散，我終於看見祢賜予我的美好人生

感覺到重生的輕柔吐息
有個人可以手牽手一起走
共享祢計畫的這段人生
就像一本寫滿夢想的故事書
要讓我看見每踏出下一步都有美景

（副歌）
我知道我所獲得的無法估量
當我看破恐懼，就是我重生之時
我知道我所獲得的比世俗財寶還要珍貴
當我崩潰交由祢掌控，就是我重生之時

（第二段主歌）
我遭逢過巨大的悲劇，但也見證過祢施展的神蹟
展現祢賜予的信心
我不知道我是否能夠了解
祢改造我的內心有多深

但是我知道，除了祢，我將找不到任何價值
（連接段）
我所擁有的一切都是祢無私賜予
即便我不配，祢仍舊慨然施予
祢總是樂善好施，滿懷慈愛[19]

副歌的第一句「我知道我所獲得的無法估量」是要表達我要再次感激上帝的美好禮物。我獲得的賜福無法估量；我很幸福，可以到處唱歌、帶領敬拜，以及見證主透過我們的事工碰觸芸芸眾生；我很幸福，回到家裡有漂亮的妻子和一個可愛的小女兒（這個時候阿雅還沒出世），全家生活無缺。我從事音樂事工，不是為了賺大錢，即便功成名就了，我的目標還是沒有改變。然而，主已經開始賜予我更多的幸福。

副歌的最後一句總結了我當時的人生處於什麼樣的境地：「當我崩潰交由祢掌控，就是我重生之時。」

外在的東西——表演場數、銷售數量、廣播時間——我以前看得太重了，我現在大徹大悟了：真正重要的只有上帝。

我必須改變想法，不能再認為掌權的人是我。

我們想要控制權，但是上帝想要我們的心，祂的話把這點講得很清楚，舉兩個例子：

．他（耶穌）回答：「你要全心、全情、全力、全意愛主——你的上帝。」（路加福音第10章第27節）

．你們要先追求上帝主權的實現，遵行他的旨意，他就會把這一切都供給你們。（馬太福音第6章第33節）

上帝是我所擁有的一切，我有很多這種經歷。以前我父母收入微薄的時候，我們需要生活用品，當時祂是我家人所擁有的一切；我就讀瑪瑞內莎基督學校的時候，我得用刷子和吸塵器打掃校園，打工賺錢付學費，當時祂是我所擁有的一切；我跟朋友的瑪吉奶奶一起住在加州的時候，需要請朋友開車載我，需要跟朋友借吉他才能去教堂演奏，當時祂是我所擁有的一切；梅麗莎回去永恆的家之後，是我人生最黑暗的時刻，當時祂是我所擁有的一切。

現在我擁有一番成就，能夠自給自足，上帝仍舊想要成為我的一切。最後被迫承認是我在掌舵開船，我決定把船舵交還給祂操控，祂提醒我：我要你愛

19〈無法估量〉，傑洛米．坎普作詞。

我，在我對你的愛裡休息，其餘的大小事我會處理，畢竟掌控一切的是我，不是你呀。你幻想自己有權力，那只是——幻想。我必須打破你的幻想。

真是如釋重負呀！

第18章 有朝一日

重新排定好我的優先要務之後，上帝繼續天天賜福於我，證明祂是信實的。阿雅在二〇〇六年進入我們的世界，第一個女兒貝樂出世時，我還以為我的心已經全部融化了，結果阿雅又讓我的心融化了一大片！

一直有人問我，有了小孩對我的音樂有什麼影響。我確定，問的人無非是希望（甚至是期待）聽到一個鞭辟入裡的答案，我通常會讓他們失望，因為即便今日回頭來看，我還是看不出有小孩對音樂有什麼直接的影響（不過當爸爸確實讓我在表演的時候有更多幽默的故事可以講）。

然而，有了兩個孩子倒是讓我能夠更加深入了解天父的心。貝樂和阿雅逐漸成長，愈來愈好動，看見她們爬來爬去、走來走去，總會令我想到上帝的恩典與慈愛。為人父之後，我更加了解天父。

我們的音樂事工也繼續獲得保守，我很感激BEC給我第二份合約，我開心地簽約了。

我也獲得了另一項殊榮，就是擔任聯合製作人，幫這個世界上我最愛的人雅主音錄製第一張個人專輯。

我繼續巡迴表演，繼續分享梅麗莎的故事，以及我能夠憑信心而行的歷程。我注意到一件有趣的事：媒體關注一波接著一波。初入音樂界，唱了幾首膾炙人口的歌，得了幾個獎項之後，基督教音樂圈熱烈邀請我接受採訪，詳細談論我的故事，很多我認識的人或寄電子郵件給我的人，想談論我的故事，通常，我的故事是幾乎人人都想談論的。接著我就經歷擅自嘗試掌舵開船的日子（結果失敗了）。

經歷那段日子之後，我把舵交還給上帝，幸好船沒有沉。緊接著又受到一波關注，大多來自非宗教媒體和大型基督教媒體機構的採訪，聽眾比較普及，沒有侷限於音樂市場。突然之間，我開始聽到有歌迷說從來沒有聽過我的故事。

關於排行榜第一名的歌曲和獎項，請容我這樣說：那些根本不是我的終極目標。我的終極目標是透過我的音樂來榮耀上帝。

話雖如此，關於寫出膾炙人口的歌曲和贏得獎項，我有兩個想法要說明一下。

第一，單純從音樂的觀點來說，能得獎，我很開心，即便得獎不是我的終極目標，我還沒退過獎呢！我是音樂家，我們是在主觀藝術產業的創作者，我們的作品會獲得讚揚，也會遭到批評，有時候會同時獲得讚揚與遭到批評。上帝賜予了我天賦，我無師自通就開始彈吉他，這就是證據。我有天賦，我有責任把祂賜予我的這項天賦發揮到極致。

身處於主觀藝術產業，我要是滿腦子想著所有獎項和數字，那就太愚蠢了。不過歌迷買我的唱片、下載我的歌、打電話到廣播電台點播我的歌，以及投票給我，希望我獲得獎項，如果我說那些都不重要，那就太虛偽了。那些很重要，我很感謝大家的支持。

第二個想法就是，熱門的歌曲和獎項可以讓我登上更大的平台。上帝把那些歌放到我心中、給我見證，是有用意的：和需要希望與鼓舞的人分享。只要能與更多人分享，我何樂而不為呢？

然而，我曾經思索過，是不是該停止分享梅麗莎和我的故事了呢。

我時常用「故事」這個詞來指我在台上分享的事，不過，其實用「故事」這個詞很不妥貼，我分享的可是意義重大的一段人生——同時也是痛苦的一段人生。上帝大幅治癒了我的傷痛，甚至讓我能夠上台，在說我的故事時，不會徹底崩潰。不過我分享的時候，仍舊會觸碰到脆弱的傷處，傷痛永遠不會消失，我不敢奢望會消失，我也不希望傷痛消失。這樣說聽起來或許奇怪，但是我不想要說故事的時候，感覺不到痛，我不想要它變成只是一個故事。

此外，我也要細心呵護雅主音的感受。打從一開始，她就大力支持我。我告訴雅主音，說我認為應該暫時不要在表演中說梅麗莎的故事，她馬上鼓勵我要繼續分享——她經常重提梅麗莎說的那番話：「如果有一個人……」雅主音說她仍然喜歡聽我分享梅麗莎的心和梅麗莎渴望把自己徹底獻給主。

「上帝利用梅麗莎來觸碰我的心和許多人的心，她是你的一部分。」雅主音曾經告訴我。「千萬不要認為我會阻止你說她的故事，我知道她的故事能拯救很多人，我見證過那種影響力，那種影響力太重要了。」

雅主音是一個賢妻，她說「那種影響力太重要了」這句話，實在是一針見血，她講話經常能夠這樣一語道破。有一天晚上在巴士上，我特別為了該不該繼續說梅麗莎的故事而禱告，主指引我去讀一段重要的經文，那段經文寫說：「在我們的各種患難中，他安慰我們，使我們能夠用他所賜給我們的安慰去安慰遭遇各種患難的人。」[20]

我遭遇過患難，也獲得過上帝的安慰，因此，我能夠指引經歷患難的人獲得上帝的安慰。

梅麗莎見證過一個人歸向基督，就是那名護士，她盼望並且祈禱那名護士會因為她的癌症而歸向基督。我很有福氣，親眼目睹與親耳聽聞好幾千人歸向基督。

我繼續分享梅麗莎的故事，我知道許多受傷的人遭逢苦難或失去摯愛，需要希望與鼓舞。我曾經跟他們一樣，現在有時候我仍舊跟他們一樣。

坦白說，這個世界上沒有什麼事物能讓我寄託希望，我試過了，我和許多也那樣做過的人談過，我們一致認同——把希望寄託在世界上的任何事物上，是沒有用的。

我經歷過令我絕望的艱苦歲月，我一點都不想要再經歷一次，絕望的人之所以想要放棄，是因為磨難和痛苦變得令人無法承受。

演唱會後在紀念品攤位跟我聊過天的人，還有寄過電子郵件和信件給我的人，多不勝數。「傑洛米，你的歌帶給了我希望和鼓舞。」他們會這樣告訴我。聽到那樣的話固然高興，但是其實他們的希望和鼓舞是主賜予的，我的歌只不過是工具，祂選擇使用我的歌來觸碰他們的心。

期待回家

在超過十年的巡迴表演期間，我住過很多飯店，住過形形色色的飯店，有些十分糟糕，我連再開車經過都不想，有些有各式各樣的便利設施和一流的服務，舒適到我捨不得離開。撇開飯店本身不說，各位知道我在飯店裡最想做的事是什麼嗎？退房！尤其是退房之後要回家的時候。

住在高級飯店，有服務生幫我把行李搬到客房，有送餐人員幫我送上高級餐點，有清潔人員幫我整理床鋪和清理房間。即便如此，我仍然迫不及待想要退房，開車回家，把自己的行李箱搬進家裡，跟等著迎接我的家人重聚，在烤架上親手烤簡單的漢堡，甚至是用吸塵器吸吸地板和拿刷子刷刷馬桶，一邊回想高中那一年的生活。

20〈哥林多後書〉第1章第4節。

為什麼？因為那間飯店或許高檔，但是畢竟不是我的家。那只不過是暫時歇腳的地方。

我們老是看不清真相：人世不是我們真正的家，只不過是暫時歇腳的地方。天堂才是我的家，我迫不及待想退房、離開這個老舊的人世，回到天堂。我回想起我的朋友尚盧在梅麗莎墳邊所說的話：「咱們來讓耶穌早點再來！」經歷考驗、痛苦和磨難時，我們必須心繫天堂。

我的希望和你的希望——**我們的**希望——在天堂裡！

根據經驗，我可以告訴各位，〈啟示錄〉第21章第4節能夠有效撫慰活在痛苦中的人，那節經文告訴我們，不論處境變得多艱困，都會有值得期盼的一天：「神要擦乾他們每一滴眼淚；不再有死亡，也沒有悲傷、哭泣，或痛苦。以往的事都已經過去了。」

在〈羅馬書〉第8章第18節，保羅用永恆的視角來看待困境，他這樣寫道：「我認為，我們現在的苦難跟將來要顯明給我們的榮耀相比是算不了甚麼的。」

讓我告訴各位，我受過傷。我受過傷，傷勢重到我以為不可能更糟了，結果竟然繼續惡化。我受過傷，我從來沒想過我會傷得那麼重，而且存活了下來。不過雖然我的人生鐘擺擺到痛苦那一端的遠處，聖經向我承諾，有朝一日鐘擺會擺到榮耀那一端更遠的地方。

我把希望寄託在那些榮耀的承諾上！

我從〈啟示錄〉和〈羅馬書〉的這兩段經文獲得靈感，寫下了〈有朝一日〉（There

Will Be a Day）這首歌。錄製這首歌的時候，我們請了一個唱詩班（聖詠團）來唱副歌和連接段，裡的一名女性長期為慢性疼痛所苦，她唱到「有朝一日將不再有苦楚與痛苦」這一句的時候，閉上雙眼，舉起雙手敬拜，懷抱希望，期盼有朝一日能夠回天家，不用再被人世的疼痛折磨。

這樣的希望值得緊緊抓住，我曾經全力抓緊這樣的希望，我認為這樣的希望值得分享，因為我知道「有朝一日」：

（第一段主歌）
我試著抓住這個世界
用盡我所擁有的一切
但是我感覺到它帶來的重量
還有抓緊造成的疼痛
許多考驗似乎永遠不會停止
祂的話說明了這個真理
我們在這個世界安息之後
奇蹟就會重新出現

（副歌）
但是我抓住這個希望
還有祂帶來的承諾
以後會有個地方不再有苦楚
有朝一日將不再有淚水
不再有痛苦與恐懼
有朝一日
這個地方的重擔
將煙消雲散
我們將與耶穌面對面相見
但是那天來臨之前
我們將緊緊抓住祢

（第二段主歌）
我知道旅途似乎十分漫長
你感覺自己獨自行走
但是從來沒有一步

你是孤單行走的

心煩意亂的靈魂，千萬別懷憂喪志
因為祂帶來的喜樂與和平
還有祂預備的美好
勝過人生的傷痛。

（副歌）
但是我抓住這個希望
還有祂帶來的承諾
以後會有個地方不再有苦楚
有朝一日將不再有淚水
不再有痛苦與恐懼
有朝一日
這個地方的重擔
將煙消雲散
我們將與耶穌面對面相見

但是那天來臨之前
我們將緊緊抓住祢

（連接段）
我迫不及待地盼望那一天
盼望我一生尋尋覓覓的那個人
抹去我面對的悲傷

觸碰身上的傷疤
那些傷疤拯救我脫離可恥又可憐的人生
這就是為什麼，這就是為什麼我要唱歌

（副歌）
有朝一日將不再有淚水
不再有痛苦與恐懼
有朝一日
這個地方的重擔

將煙消雲散
我們將與耶穌面對面相見

有朝一日將不再有淚水
不再有痛苦與恐懼
有朝一日
這個地方的重擔
將煙消雲散
我們將與耶穌面對面相見

有朝一日
祂將拭去淚水
祂將拭去淚水
祂將拭去淚水
有朝一日[21]

21〈有朝一日〉，傑洛米．坎普作詞。

盈滿關愛與平安

二〇〇九年春末，我們得知雅主音懷了第三個孩子。八月時，她去做第十四週檢查，醫生找不到嬰兒的心跳，醫生說在懷孕的這個階段，偶爾會出現這種情況。雅主音立刻進一步接受超音波檢查，醫生說嬰兒的心跳在一週前就停止了。

我們對於懷孕絲毫不敢輕忽，不過雅主音進入第二孕期之後，我們知道流產的機率在這個階段會降低，著實鬆了一口氣。因此醫生的報告出其不意地令我們大感震驚。

我好多次看到雅主音把一隻手放在漸漸變大的肚子上，為裡頭的小傢伙禱告。我們討論過要在家裡準備一間嬰兒房，迫不及待想知道我們即將擁有的是第三個女兒，還是第一個兒子。貝樂和阿雅興奮地期待即將擁有新的弟弟或妹妹。

我們需要強烈感覺到上帝存在，結果一如平常，祂就在我們身旁。雅主音在我們的部落格上寫下流產的事，她說：「上帝的關愛與平安盈滿我們的心。我們知道祂是信實的，絲毫不會懷疑祂是主宰。我們十分感激我們對基督所懷抱的希望。」

我們得知流產的前一天，雅主音接到一位朋友的來電，請她幫當地一位牧師的兒子禱告，那個孩子出了車禍，命在旦夕（那個孩子後來去了耶穌身邊）。在談話中，雅主音的朋友說，她好希望主不要那樣考驗她的信心。

那天剩下來的時間，雅主音都在思索那次的談話——尤其是最後那部分。隔天早上禱告時，她跪下來告訴主，說她再也不會侷限主對她的生命作工，不論主要她經歷什麼，她都樂意為主承受。

那天早上稍晚，醫生通知我們胎兒胎死腹中。

我們把流產的事告訴我爸媽時，雅主音告訴我媽她那天早上禱告說了什麼。「雅主音，」我媽說，「主在加強妳的見證。」

做完超音波檢查的那天早上，我們一起讀聖經，把焦點放在上帝在我們生命裡做過的所有事情，還有祂當時正在做的所有事情。〈詩篇〉第16篇顯然是大衛在生命岌岌可危的時候所寫的。在第一節，大衛求主保佑；在剩餘的內容中，面對紛擾的困境，大衛信心滿滿地訴說他對上帝的信心。這部分的內容格外安撫人心，值得分享。

而且，一如往常，我媽說的對，雅主音的見證變得更加堅定。我們在推特和部落格之類的平台公開對懷孕的喜悅，自然也公開悲傷的時刻。不過就像當時主利用梅麗莎的去世來考驗我一樣，祂再次把困境變成機會，讓雅主音能夠幫助流產過的女性，告訴她們不論遭遇什麼困境，主都是美好的。

雅主音後來說，經歷那次痛苦的考驗之後，她更加深入體會我失去梅麗莎的痛苦。雅主音以前憐憫我的時候會說「我無法想像經歷那種痛苦是什麼感覺」這類的話。她不是要拿流產來跟梅麗莎的去世比較，不過失去我們所愛的孩子，她真的悲痛萬分。有一次我們一起悲傷難過的時候，她告訴我：「我現在比較能夠體會你的心情，也真的稍微了解你的感受。」

流產失去一個孩子，讓我們更加心存感激，能夠擁有兩個健康的女兒，開開心心過每一天。不過流產也稍微觸動了我以前害怕一個女兒會死掉的恐懼。

「或許我們只能擁有兩個孩子——這就是為什麼會發生流產。」我心裡這樣想。是否要再嘗試生一個孩子，我內心交戰了一陣子，我不想要再經歷一次流產那樣的苦難，我不想要冒險再心痛一次。

我面對的最大障礙，就是要讓自己變得脆弱，再度相信上帝。

然而，過了一陣子之後，對於是否要再嘗試生孩子，我真的能夠平心靜氣看待，因為我知道不論發生什麼事，上帝都已經幫我們一家人計畫好了，祂知道自己在做什麼。

二〇一〇年末，我們發現雅主音又懷孕了，我們欣喜若狂，不過這次對於公開喜訊的時機比較謹慎，而且我們完全相信上帝會保守我們的孩子健康平安。

因為我們有兩個女兒，所以很多人問我：「你想要男孩還是女孩？」就算再生一個女兒，我也很開心，因為貝樂和阿雅十分可愛又逗趣。不過聽到醫生告訴我們說下一胎是男孩，我喜不自禁。「他會練得渾身肌肉，然後去打橄欖球！」我說。

二〇一一年八月十七日，我們的小菜鳥終於初次登場。我們把他取名為艾根，艾根的原意是「熱愛神殿」和「小戰士」，打從艾根一出生，我就期盼：「把他培養成主的戰士！希望他一輩子都不會左顧右盼，永遠專注看著主！」

生兩個女兒之後再生一個兒子，我注意到差異之處：我想要成為事奉上帝的男人，保護女兒；但是對於艾根，我想要成為事奉上帝的男人，成為他效法的模範。我知道他會以我為表率，觀察學習我如何事奉主；我要他看看他爸爸如何熱情奉獻給基督，信仰堅定。

我祈禱艾根能夠成為這樣的男人。

第19章

冒著生命危險傳福音

我始終盡力宣傳上帝賜予我的故事，祂現在依舊透過我在寫故事。當個稱職的傳道者，就必須信任與聽從祂的時間安排。

長久以來，我的故事就吸引許多人熱切邀約，想要把我的故事寫成書或拍成電影，我喜歡在演唱會中分享我的故事，但是我倒不認為故事已經夠完整，足以寫成書或拍成電影，上帝還在陪我走療傷復原的階段，以及跟雅主音與孩子們的新生活。

雅主音懷艾根的時候，我開始覺得時機成熟了，可以踏出故事的下一步了。二〇一一年，我發行了這本書的初版，隔年，我開始修改擴增，改採不同的出版策略，讓更多人可以讀到我的故事。書在梅麗莎上天堂超過十年之後出版，但是我低估了寫作過程中重新經歷那段人生有多難，真的是又重新經歷了一遍。跟幫忙出書的人談論我的故事，我不只必須重新敘述我許久沒有回想過的細節，還必須描繪我試著忘記的場景，痛苦與悲傷瞬間湧回心頭，著實令我難以承受。

書出版之後，讀者讀過我的故事，紛紛把心得告訴我，我這才明白，寫書過程中我願意投入多深，我才能感動讀者多深，兩者是直接相關的。我學到了寶貴的一課，見識到我們的見證能產生多強大的力量：雖然每個人的境遇不盡相同，但是只要我們投入愈深的感情與情緒去感受別人的故事，我們就能發現愈多共同點。這樣我們就能互相憐憫，互相幫助，一起感受上帝的深層治療。

換句話說，我不可能找到許多和我一樣的人，結婚三個半月之後，罹癌的配偶就去耶穌身邊了。我的故事裡，有一些境遇大概很少人遭遇過與被迫克服過，深入探究這些議題，也就是梅麗莎去世後令我煎熬的恐懼與信任議題，讓我結識了對那些議題心有戚戚焉的人，不論他們的故事有什麼樣的境遇，我祈求自己能夠幫助他們找到我在生命中必須接納的那些信仰，展開新的正常生活。

寫這本書的前幾個版本並不容易，但是非常值得。寫完這本書之後，我依舊渴望宣揚上帝如何改變我的生命，這本書出版不久之後，我的經紀人麥特・邦（Matt Balm）接到凱文・道恩斯（Kevin Downes）的電話，道恩斯現在是基督教電影產業的演員、編劇、製作人與導演。

凱文最近演過阿先（Shane）這個角色，電影《勇氣》（*Courageous*）裡的主角之一。當時宗教電影廣受歡迎，凱文想要把我的書拍成電影，我們一開始先找導演和編劇寫劇本，但是不管我們怎麼寫，我都覺得不對勁。我不想要強求，因為如果沒有按照上帝排定的時間，就算拍成電影，效果也會大打折扣。於是我們把拍電影的事先擱置下來，後來我把這事忘得一乾二淨。

就在電影拍不成的時候，我聽到了我在印第安納州的青年牧師傑・葛利（Jed Gourley）的消息，傑和他的小姨子梅蘭霓，以及梅蘭霓的先生保羅，在吉爾吉斯（Kyrgyz）傳教，吉爾吉斯有百分之九十的人民是回教徒，與中國西境接壤。二〇一二年雅主音和我創立了「高聲宣揚事工團」（Speaking Louder Ministries），目標是要把基督的福音傳到世界的每個角落，其中一項事工計畫就是跟外國教會合作，舉辦傳教活動，包括領導與敬拜大會、健康相關協助計畫、十字軍類型的活動。

傑寫電子郵件請我考慮看看能不能把我的樂團帶到吉爾吉斯，我查看一下關於吉爾吉斯的資料，發現那個國家陷入內亂，政府打壓基督教，把傳教士驅逐出境。於是我回覆說，吉爾吉斯國內嚴重動亂，我認為不適合前往。

傑體諒地回覆說，如果我不相信上帝要我們前往吉爾吉斯，他完全能夠理解我為什麼不想去。接著他還說，這可能是前來吉爾吉斯的最後一次機會，因為政府要禁止基督教傳教以及提出大膽的言論，教會只能祕密傳教。

我的天吶！我看完信後暗自心驚。我很了解傑，知道他不是想要對我施壓。我感覺得出來他的信中語帶企盼，我不禁心想，我怎麼能不去吉爾吉斯呢。我老是說自己完全奉獻給上帝，從我的故事看來，顯然我的人生經歷過百般苦難，但是上帝透過一切苦難證明了自己是信實的。當時我的最新專輯是《義無反顧》（*Reckless*），主打歌的主旨就是講要義無反顧，追隨上帝的指引上山下海。

雅主音和我開始禱告。我把傑的請求轉達樂團的成員，他們也開始禱告。最後我們內心都感到平安，認為可以去吉爾吉斯，於是傑開始幫我們處理到吉爾吉斯的入境手續。

吉爾吉斯宗教部和國家安全委員會上網審查我們的資料，顯然他們讀完我得獎的報導，一定很清楚我們的目的。他們也要審查我們的歌詞，我知道我的歌詞講的是耶穌，心想：「老兄，儘管看吧！」最後，雖然我們獲准入境，但是他們告訴我們，只能表演音樂，不准宣揚基督教。

我們在吉爾吉斯之外緊盯著消息，我不知道是因為我們提高警覺，或是事實真的如此，我覺得那裡反基督教的動作似乎愈來愈強烈。但是我們所有人不只仍舊對於前往吉爾吉斯感到平安，也期待這趟旅行會很有趣。

照看我，教我說話

前往吉爾吉斯的途中，我們在烏克蘭的基輔安排一星期的傳教活動與演唱會，在基輔的其中一場演唱會，有一千人出席，有好幾百人將生命奉獻給基督。目睹如此不可思議的迴響之後，我們欣喜雀躍地搭機前往吉爾吉斯。經過一場接著一場的演唱，我聲音都沙啞了，這趟旅行顯然是上帝精心安排的。

當時我們並不知情，但是我們抵達首都比什凱克（Bishkek）的那一天，《基督教新聞網》（*CBN News*）在網路上發布一篇文章，標題是〈祕密信徒在戰火中分享福音〉。那篇文章描述吉爾吉斯和三個鄰國的信徒必須在吉爾吉斯偷偷聚會，因為宗教法規愈來愈嚴厲，政府威脅要毆打、逮捕或殺害基督徒[22]。

飛機在吉爾吉斯降落之後，我們就感受到截然不同的氛圍，走下飛機時，心情無比沉重，彷彿走進黑暗的房間，全然不知道房間裡有什麼，以及接下來會發生什麼事。我感覺胸口彷彿受到壓迫，旅行團裡的每個人，包括我爸，都有這種奇怪的感覺，不禁納悶這裡發生了什麼事。

在飯店，我明確感覺不想要做我們來這裡要做的事：宣揚基督。隔天早上，我們一行人聚在一起談論，顯然需要禱告一下，禱告過後，我們又感到無比平安，認為決定來吉爾吉斯是正確的，信心滿滿地相信上帝會指引和保守我們度過在這裡的這個星期。

我爸鼓勵一群當地的基督徒，援引自己生活中的例子，說明苦難如何放大上帝的美好與榮耀。我爸讀〈腓立比書〉第1章第12到14節：

22〈祕密信徒在戰火中分享福音〉（Secret Believers Share Faith Under Fire），撰文者為喬治．湯瑪士（George Thomas）。

弟兄姊妹們，我要你們知道，我的遭遇反而幫助了福音的進展。結果，王宮警衛隊全體，和在這裡所有其他的人，都知道我是因著基督的緣故被囚禁的。我坐牢，卻使多半的信徒對主更有信心，更加勇敢，毫無畏懼地傳講上帝的信息。

在高度敬重父母長輩的文化中，我爸參與傳教所發揮的影響力特別強大，當地教會的領導人生活在恐懼之中，害怕遭到迫害，我們詳細了解之後才發現，他唸的那段經文宛如及時雨一般。

在一次禱告聚會中，我讀了雅主音用電子郵件寄給我的幾段經文：

你的話就像火在我心中焚燒，
鑽進我的骨髓。
我憋不住你在我心中的話；
我不得不說出來。
我聽見許多人的耳語：
那謠傳「四圍恐怖」的來了，
我們來告發他！

但是上主啊，你與我同在；
你強大有力，威武可畏。
壓迫我的人都要失敗；
他們的陰謀敗露了。
他們將永遠蒙羞；
人永遠忘不了他們的恥辱。

要歌頌上主！
要頌讚上主！
他從邪惡人手中搶救被壓迫的人。

——〈耶利米書〉第20章第9到11節、第13節

不論在吉爾吉斯當地或從家鄉，我們都獲得明確的鼓舞，說主會保佑我們。我的第一場重大傳教活動是記者招待會，當然，宗教部的官員也到場，絲毫不隱藏行蹤，大剌剌地監視我們，尤其是我說的話。

美國音樂家造訪他們的國家可是大事，而且比什凱克到處都可以在宣傳媒體上看見我的臉。當地教會成員把我們的歌翻譯成俄文，讓吉爾吉斯和鄰國的人民能聽得懂，因此歌

迷更加期待我們的到來，當地的新聞社也想聽聽我們為什麼要來吉爾吉斯。在那場記者招待會上，很多人用各種不同的方式問我那個問題，每次我都回答說，我們是來表演我們的音樂給吉爾吉斯人民欣賞的。

有一名記者緊緊盯著我，語氣強硬地問：「但是為什麼你們要來這裡？」

我本來想這樣回答：「我想向大家宣揚耶穌，邀請大家勇敢站出來，接納祂為主與救主。」不過我知道說話必須小心謹慎，對於耶穌的名字更要格外小心。

「我這輩子經歷過許多苦難。」我說完這句話之後，概略說了一下我的故事。「上帝治癒了我的許多傷痛。」我這樣做結論，「祂證明祂是信實的，祂在逆境中給了我希望。我想要跟大家分享的是，我們都會經歷困苦，要永遠懷抱希望。」

我不曉得那樣回答，提問的記者滿不滿意，但是至少她不再緊緊盯著我看。

那場記者招待會之後，我接受了好幾場訪問，一次比一次更大膽，在其中一場訪談中，我提出比較多我的見證，談論耶穌如何拯救我的人生。

在這趟傳教之旅中，安排了一場為當地教會青少年所舉辦的夜間敬拜。青少年是吉爾吉斯心靈大戰的主角，非基督教的哲學體系全力拉攏青少年，青少年吸毒與飲酒比率居高不下就更不用說了。我走進敬拜場地，不小心聽到傑跟某個人說：「那件事我們等等再處理吧。」

我停下腳步轉向傑。

「處理什麼？發生什麼事？」

「別擔心。」他說，「我們等等再談。」

我的個性就是遇到事情就想要趕快處理。

「你了解我的個性。」我告訴他，「現在就告訴我吧。」

「好吧。」他勉為其難地說，「有朋友在看新聞，發現新聞全都在呼籲大家不要參加傑洛米．坎普辦的這場活動，故意挑撥，煽動大家。」

噢，這下好了，那我們在這裡幹嘛？

「宗教部打電話給我們，」傑繼續說，「他們可能會取消整場活動，或者准許你表演，但是你只能唱歌，不能在唱歌空檔說話。」

如果各位覺得這番話的威脅意味還不夠強烈，傑還告訴我，說我必須小心發言，以免當地的牧師帕夏遭殃，因為宗教部要他為這場活動負責。

「他們說如果你說錯話，」傑提醒我，「帕夏就得入獄關一年。」

我心裡開始害怕起來，擔心說錯話——而且我根本不清楚哪些是「錯話」——想到我可能會害帕夏入獄，不禁恐懼萬分。

我繼續走進青少年敬拜場地，心裡忐忑不安。我們帶領敬拜時，我感覺到一股沉重陰鬱的壓迫感籠罩著群眾。還有恐懼，在我自己心中，和青少年心中。

樂團和我表演結束之後，一位前烏克蘭小姐分享自己的見證，邀請青少年站出來禱告，數十名青少年站出來響應。我們禱告的時候，我忍不住擔心，那些青少年離開演唱會回家之後，會發生什麼事。

我開始唱一首敬拜歌曲，建築裡的一切恐懼立刻煙消雲散，抗拒的高牆倒塌。我強烈感覺到我們過得了這一關。藉助上帝的力量，我們過得了這一關，不論發生什麼事。一股壓力彷彿從整棟建築中消失，愈來愈多青少年走到前面敬拜上帝，那一刻真是美好。

那場活動結束後，我們去吃晚餐，我看著坐在餐桌對面的傑問：「我該小心提防嗎？」傑不動聲色，但是他回答：「嗯，要小心。」

我這才忽然想到，比什凱克到處都可以看到我的臉，我根本無處可躲。

那天晚上稍後，我打電話回家給雅主音。她接起電話，我只說：「老婆。」

「嗨，老公。」她說，「你還好嗎？」

我開始放聲大哭。

「發生什麼事？」她問。

我向她說明那天晚上發生的事。

「我不知道這場活動能不能舉辦。」我告訴她，「如果舉辦了，而我在活動中說錯話，官方就會把帕夏抓起來關一年。」

「什麼?!」

「對。我不知道會發生什麼事。我要回家，我準備回家了。」

「老公，」她勇敢地說，「主在這種時刻召喚你。你能回家，但是現在主要你先在那裡完成使命。我相信一定是這樣的。」

雅主音的話令我十分震撼。掛斷電話後，我自言自語說：「上帝，我辦不到，我太軟弱了。」

我感應得到祂這樣回覆我：非常好。現在你已經準備好了。

剩餘的旅程，我完全聽從上帝的指引，承認我沒辦法靠自己的力量完成使命。沒錯，你沒辦法。我感覺到祂這樣告訴我：我只要你說出我的話。

當然，那始終都是我們想做的事。不過在當時的情況下，那樣的想法別具意義，主基本上是告訴我：除非我叫你開口，否則別開口。

最後一場活動之前，我們休息一天，儘管青少年敬拜大會成功獲得迴響，但是我們對最後這場演唱會卻沒有抱太高的期望。政府透過新聞公開提出警告，不准民眾參加我們的演唱會，我們收到了死亡威脅，有人說要找狙擊手襲擊我們，以及放置炸彈。除此之外，氣象預報說演唱會那天整天都會下雨。

我們在世界的另一端召集了禱告團隊，同時，那天晚上我們的團隊和當地的教會領袖也齊聚在一起，全心全意禱告。當地的教會領袖多年來不斷祈求這一刻的到來，早在好久以前，他們還沒決定邀請我們來到他們的國家，他們就盼望著這一刻到來。傑後來總是說，那天晚上他感覺那場演唱會將會是上帝施展神蹟的高潮，徹底改變吉爾吉斯人的心靈。

改變人生的經歷

我們抵達舉辦演唱會用的體育場時，糾察人員前來迎接我們。警察已經拖走一名男子，聽說他威脅要對我們施暴。

活動開始前，樂團成員和我聚在一起禱告，心潮澎湃。各位放心，我們的禱告涵蓋所有大小事，從天氣到狙擊手，無所不包。有一名當地保鏢，過去幾天我跟他可以說是變得非常親密。他走進樂團練習室，面露懼色。

「你沒事吧？」我問。

他把左手掌貼到胸口上，比手勢表示心跳很快。

「外頭很多人倒下。」他回答。

「了解。」我說。

「你倒下，我們一起倒下。」他用蹩腳的英語說。

我不曉得他說那句話是不是想幫我打氣，如果是的話，他失敗了！我是說，我很高興他願意拿性命保護我，但是在登台前的幾分鐘，我殷切企盼他不用為了保護我而犧牲性命。

我們離開練習室時，我這樣禱告：「好吧，上帝。這次全靠祢了。」

走向舞台的時候，我們一群人開始唱一首敬拜歌曲，我感覺到平安與喜樂，接著彷彿一股力量注入我的身體裡，不是我自己的力量，是上帝賜予的力量。我看過一張我們那天走上舞台的照片，照片裡的我看起來好像無憂無慮。我的保鏢在最前面，一臉緊繃地掃視著人群。我跟他看起來天差地別，上帝的力量真是神奇！

首先，演唱會即將開始前，下了一會兒毛毛細雨，接著雨就停了。我從舞台上仰望天空，看見烏雲密布——只有體育場上方沒有烏雲，彷彿有東西保護著體育場，阻止烏雲覆蓋。

第二，演唱會期間，我感覺自己彷彿跟聖靈完美同調。在演唱會中，我習慣在唱歌空檔暢所欲言，但是那天晚上，我只分享我覺得聖靈直接指示我說的話。

大約有八千人來參加演唱會，演唱會一開始很順利，不過我唱到「耶穌，祢是道路」這句，約莫兩千人馬上主動離場，看起來有四分之一的觀眾想要離開，只是在等最前面的那批人先離開。我們表演的時候，我看著他們離開，但是我絲毫不動聲色，繼續表演。當我感覺到聖靈要我說話的時候，我就說話；如果我感覺不到祂的指引，我就不說話。就表演而言，話說得比平常還要少，我覺得滿尷尬的，不過我心意已決，除非確定必須說話，否則我一句話都不會說。

我們表演完後，帕夏拿起麥克風，他沒有提到救贖這個詞，不過他說：「如果各位想聽更多有關這位耶穌的事，我們這裡有人可以告訴各位。」

我想要看群眾的反應，但是安全人員倉促把我們拉下舞台，立刻把我們送上一輛等候中的車子，因為有人威脅要對我們不利。即便現在寫到這件事，我都覺得奇怪，我不喜歡在演唱會表演完就立刻匆忙下台，不過在當時那種情況下，我們的最佳對策就是移除吸引威脅的來源，也就是我，讓當地的信徒想辦法用最有效的方法來向人民宣揚基督。

在車上，我爸告訴我：「你剛剛說的話，彷彿來自基督啊。」

時至今日，我仍舊能夠說，那天晚上我所說的話都是來自主，我只有在祂叫我說話的時候才開口。那是我這輩子最心潮澎湃的一刻，我相信那是因為無論處境多麼瘋狂、環境多麼黑暗，我知道上帝要我去那裡分享我的故事如何榮耀祂。就像雅主音在電話中說的，我去那裡的時機是上帝安排的。從我們決定前往的那一刻，到那天晚上站上舞台的那一刻，我都滿懷疑慮。不過我也明白，當我響應上帝的號召前去完成使命，沒有逃避，祂就會全力保護我，不論我遭遇什麼事。

上帝那天晚上在吉爾吉斯施展了神蹟。後來我才得知，我們離開去搭車的時候，帕夏也在舞台上告訴群眾：「如果這個美國人能夠鼓起莫大的勇氣來這個舞台上分享福音，那我們也必須勇敢挺身而出。」

根據我所耳聞的消息，那趟傳教之旅影響比什凱克長長久久，消息來源告訴我說，一個美國音樂家勇敢離開安全的美國，前來比什凱克傳福音，感召了比什凱克的人民。我的版本則是，這個美國音樂家嚇死了，摸不著頭腦自己到底在那裡幹什麼，不過聖靈賜予他力量，在吉爾吉斯完成上帝所賦予的任務。

傑和他的家人最後被迫離開吉爾吉斯，因為那場演唱會結束之後，政府不讓他們更新簽證。現在他們在喬治亞表現出色，保羅和梅蘭霓則在中東事奉主。

我經歷過許多改變人生的神蹟——我的人生一點都不無聊！前往中亞的那趟旅行也改變了我的人生。我在許多國家傳過福音，但是吉爾吉斯是最危險的國家，我們遭遇到頑強反抗，這真的是我第一次冒著生命危險傳福音。

「願意冒生命危險」跟「實際冒生命危險」是截然不同的兩碼事，因為我把自己放到從未經歷過的處境，我才能用從未經歷過的方法感受到聖靈的存在。我回到家之後徹底改變了。

第20章 天父的愛是完全的

吉爾吉斯之旅結束後，我準備離開音樂界。

我沒有唱片合約了。我們有接到幾家唱片公司打電話來邀請我簽約，我們跟不同的公司談的時候，我的焦點是不想要打造傑洛米．坎普王國。我了解打造品牌和市場行銷的重要性，我也明白這些事不只要做，還要做得好。不過我已經太清楚了，那樣會讓周遭的人三句不離「傑洛米．坎普這個」、「傑洛米．坎普那個」。

我開始考慮獨立的可能性，不跟唱片公司簽約合作；我也考慮徹底改變事奉主的方式。我們的孩子年紀最大十歲，最小三歲，最小的艾根年紀也夠大了，我們可以考慮採用不同的方式來事奉主，讓更多家人參與。

到吉爾吉斯傳教的經歷以及在那裡遭遇的險境，令我徹底改觀，不論上帝叫我去哪裡，我都願意去，如果上帝叫我去當傳教士，我會放棄音樂、賣掉房子，搬到上帝叫我們去的任何一個國家。雅主音絕對也會跟我同進退。

這不是說我不在乎音樂，不是那樣的，不過從吉爾吉斯回來之後，我不再關心要做什麼維生，上帝要我做什麼，我就做。我依然喜愛音樂，但是我心裡重新湧現熱血，不論上帝要我去哪，不管祂要我做什麼，我都願意聽從。如果祂要我退出音樂界，我會欣然接受。而且我不急著思考接下來要做什麼，我心裡完全只想著：「上帝，做什麼都好，我只知道聽祢的就對了。」

雅主音和我為了尋求方向而禱告時，我獲得了寫歌的靈感，即便我沒有合約需要寫歌或錄製專輯。新歌的靈感來自吉爾吉斯之旅，我反思著吉爾吉斯之旅，問上帝：「當時我帶著恐懼行走在那樣的反抗力量之中，是怎麼辦到那一切的？」結果就寫出了〈同樣的力量〉（Same Power）。〈羅馬書〉第8章第11節浮現腦海：「上帝的靈使耶穌從死裏復活；如果這靈住在你們裡面，那麼，這位使基督從死裏復活的上帝，也要藉著住在你們裡面的聖靈，把生命賜給你們那必朽的身體。」

原來如此，原來如此！我恍然大悟。那就是賦予我能力的來源——跟祂的力量一樣，跟祂的能量一樣，跟祂的靈一樣，讓基督能行走在水上，命令死者死而復生，從墳墓裡爬起來。那股能量也住在我們心裡！

現在回顧，我發現在吉爾吉斯的那段時間，我的心靈成長了許多，我相信我不只是往前走了一步，而且是走了深度成長的一步，因為我把一切都放到主的腳前面，然後說：「我願意放棄一切。不論祢要我去哪裡，我赴湯蹈火，在所不辭。」我很喜歡回想那段令我心潮澎湃的神奇時光。

老問題重新出現

我繼續禱告，最後跟國會唱片公司（Capitol Records）簽約，那份合約的第一張專輯叫做《我將追隨》（*I Will Follow*），與我當時的心情非常相稱。唱〈同樣的力量〉還有那張專輯的另外兩首主打歌〈祂知道〉（He Knows）和〈基督在我心裡〉（Christ in Me）的時候，我們感到無比喜樂，我感覺神清氣爽，彷彿獲得聖靈賜予的能量。確定上帝要我繼續待在音樂界，我便全力朝這個方向前進。二〇一七年，我寫了下一張專輯《答案》（*The Answer*），一切繼續順利發展。

接著我們又收到凱文・道恩斯的音訊，他跟我的經紀人麥特保持聯絡，大約一年聯絡一次，讓我們知道他對我的故事有信心，仍然想要拍成電影。每次我都告訴他：「好呀，太好了——希望有朝一日能拍成。」這次凱文告訴我，他跟強・厄文（Jon Erwin）和安迪・厄文（Andy Erwin）兩兄弟在拍一部電影，叫做《夢想心樂章》（*I Can Only Imagine*），描寫我的朋友巴特・米樂（Bart Millard）的人生故事，他是「憐憫我」樂團的主唱。

我依然認為，如果能把我的故事拍成電影，自然是天大的美事，因為我知道上帝能夠利用我的見證感動許多人；不過我也知道如果時機到了，上帝必然會告訴我。

凱文比以前更常跟我們聯絡，我心裡開始有一股愈來愈強烈的感覺，認為時機快到了。除了凱文和我初次討論可能會找誰當導演和編劇之外，我一直認為電影不可能會成真，現在不一樣了，隨著拍電影的可能性增加，我愈來愈常回想人生的一切經歷，而且，我也開始重新感受到那些情緒與痛苦。

同時，雅主音和我有一位密友在對抗成癮，成癮者經常會不擇手段使詐欺騙，那位密友就是這樣。雅主音和我都深受傷害，因為我們信任與敬重那位朋友。為什麼會發生這種事、怎麼會變得這麼嚴重，我們百思不得其解；如何在這份嚴重受創的友誼中重新建立信任，我們也苦思不得良方。那段日子我又陷入困惑之中，心中直問：「上帝，到底發生了什麼事？」不只密友欺騙造成我心中產生不信任而痛苦萬分，當時我花更多時間思考電影內容，也因此重新陷入回憶之中，梅麗莎患病，還有回到耶穌身邊，往事歷歷在目。

喪偶令人心痛萬分，久久無法釋懷，我經常突然就覺得悲從中來。重新經歷那段人生，加上雅主音和我被那個朋友欺騙傷害，我心裡又湧現恐懼，而且無法全心信任別人。心生疑慮的時候，我總是想自己掌控情況，即便我知道試圖掌控局勢，其實就是從上帝手中奪走掌控權。

二〇一八年一月，我帶兩個女兒貝樂和阿雅到烏干達參加「高聲宣揚事工團」傳教之旅，這趟旅行很新奇，是我第一次沒有雅主音的陪伴，獨自帶著兩個女兒去旅行，女兒們為了這次機會禱告了整整一年。這趟傳教之旅實在是不可思議，上帝施展神蹟，令人驚嘆。有三萬五千人出席我們在烏干達首都坎帕拉舉辦的活動，我們的女兒也見證了上帝的神蹟，有一千人相信基督是救主。將近二十年來，我一直在外國旅行，我至今仍然驚奇不已，竟然有那麼多人把心交給主。女兒們在她們這個年紀見證到那一幕，這樣的時刻可能會在她們的成長過程中發揮影響，讓她們長大成人之後投入各種事工，天啊，想到這裡我實在開心極了。

我們的海外事工不只有辦演唱會，我們到外國宣揚福音，告訴大家上帝帶來了希望，我們希望我們離開回國之後，這樣的福音能夠迴盪長長久久。在烏干達，我們舉辦了領袖大會，邀請坎帕拉各地的事工領袖參與，那次大會所推動的門徒訓練，至今仍繼續在烏干達各地傳承，當地牧師積極傳福音，熱情向人民宣揚基督。在恩德培（Entebbe）這個小城市，我們也興建了一所醫療診所，為居民解決醫療需求，診所能夠打開病患的心房，好讓耶穌能夠治癒病患最需要醫治的心靈。

大家全心全意投入事工，令我感到驕傲，我很開心貝樂和阿雅能夠見證上帝在烏干達改變人們的生命，這趟旅行真是美好。但是對我而言，這趟旅行可不容易，在身體上，我只能說我覺得好奇怪，整趟旅途我都緊張兮兮，偏執地認為女兒會出事，心裡也感到害怕，無法信任任何人。在烏干達的時候，我試圖掌控各種狀況。

回家後，我精疲力竭。

雅主音和我安排全家到義大利旅行，之後要先後前往羅馬和以色列帶領敬拜，結果我們一家人在義大利度假的那幾天生病了。我們前往以色列的時候，我身體不適，有時候會感到胸悶。有一天晚上，我感覺輕微的恐慌症發作，我趕緊調節呼吸、緩和情緒，後來就沒事了。

我們回家幾個星期之後，有一天雅主音出門幾個小時，我開始健身。突然之間，恐慌症又發作了，不過這次十分嚴重，前所未有。我趕緊打電話給雅主音，心慌害怕，呼吸變得困難。我不知所措，於是躺在地板上，等到她回家，幫我冷靜下來。

那天之後，我陷入憂鬱，悶悶不樂，無法自拔，持續了將近整整一個星期。腦海不斷湧現古怪的想法，像是：「要是我死之後發現什麼都沒有呢？」那四天我覺得自己好像發瘋似的，我會跪在地板上，大聲呼叫上帝。雅主音不斷禱告，跟我並肩作戰，除了敬拜，我不知道我還能做什麼。這麼多年來，我帶領過無數的人敬拜，然而此刻我卻連敬拜都難以做到。正當我感覺彷彿有人拉了我一把，我試著爬出洞穴，開始往上爬，側邊的土馬上崩落，害我又滑落到洞底。

最後，有一天我在禱告的時候，上帝終於在我心裡揭露問題出在哪裡，祂訓誡我說，我老是想掌控局勢，不聽從祂的指引；祂訓誡我說，我相信自己有限的能力，卻不相信祂的能力。重新陷入梅麗莎生病受苦的回憶令我痛苦難受，遭到摯愛與敬重的朋友背叛令我深受傷害。這些上帝都知道。我開始懺悔這段時間老是想要掌控大小事，包括家事、妻子的事、我的事業；我為心中的一切恐懼或無法寬恕懺悔。上帝知道我憂鬱的時候需要聽到祂說什麼話：我愛你。相信我。愛既完全，就把懼怕除去。我對你的愛是完全的。

上帝提醒我，幾年前的一個時刻，當時我崩潰心碎，祂把我拉出洞穴，慈愛地把我抱在祂的懷裡。

看我一直以來都對你多麼信實。看我為你做了什麼。我愛你。

完全的愛。這是我們人類沒辦法給別人的。不過上帝給得了我們。

在那一刻，上帝並不生我的氣，祂沒有逼問我是怎麼一回事，或者我為什麼憤恨不滿、想要掌權，而且即便祂已經多次證明祂對我言出必行，我仍舊不信任祂。祂不僅沒生氣，反而告訴我，說祂愛我，我可以信任祂，因為祂已經為我準備好完美的計畫。祂並不是在告訴我，我不會再經歷苦難，這抵觸了聖經教導我們的真理。上帝是在告訴我，不論我經歷什麼，祂會永遠照看。祂也會永遠愛我。完全地，只有祂能。

預防措施

受到這次經歷啟發所寫的歌，大多收錄到我的專輯裡，我認為那張專輯很容易刺痛我的傷處，僅次於梅麗莎上天堂之後我發行的第一張專輯。在《故事未完》（*The Story's Not Over*）這張專輯裡，專輯同名曲和〈父親〉（Father）等歌曲來自我回顧人生與苦難，以及回想上帝如何改造我的人生。

我在〈父親〉中描繪上帝的美好，祂是我們的天父，我相信祂會完全治癒我們。我不能說我受困在洞裡，上帝馬上把我拉出來。憂鬱雖然消除了，但是焦慮繼續殘存幾個月。我重新學習如何每天懷抱對上帝的信任行事，我打開聖經，不只是讀經，尋找每日精選經文，還要沉浸在經文裡。

這是成長茁壯、突破難關的必要過程，雖然我們寧可上帝馬上幫我們解決難題，但是我想上帝偶爾會選擇帶領我們走過漫長的過程，因為祂要在我們爬出洞的過程中，教我們學習一些道理。祂握住我們的手往上拉，我們每爬一步，都用腳趾在洞坑側牆上挖出立足點，這樣我們才能更加強烈感受到祂的力量，更加了解祂的耐心，帶我們脫離困境，這樣的方法最有益於增進我們與祂的關係。

在那樣的情況下，我才恍然大悟，有時候我頂多只能對上帝說「對不起」。對不起，如果說得誠摯的話，是一句非常謙卑的話。我選擇相信上帝，不再自作主張。進入嶄新的階段，在祂面前，我必須謙卑。

我現在相信，上帝當時向我揭露那些弱點是有道理的。從吉爾吉斯回來之後，我到達了山頂，我見證了祂徹底證明了自己的信實。但是每當我沒辦法想像情況會好轉的時候，老毛病就容易再犯，心裡萌生恐懼與不信任。祂提醒我，那些就是敵人會攻擊的弱點，我必須防護好那些弱點，準備迎接祂為我計畫好的下一季。

第21章 燈光，攝影機，開拍！

二〇一八年三月《夢想心樂章》在電影院上映，凱文、麥特和我，對於我的故事仍舊停留在單純討論階段，我的感覺是，凱文想要等等，看看巴特的電影票房如何，這我可以理解。結果《夢想心樂章》跌破所有人的眼鏡，光是首映的那個週末，票房收入就超過一千五百萬美元，成功名符其實，因為那部電影拍得很棒。

《夢想心樂章》上映兩個星期之後，凱文打電話給麥特，說他想要見面，開始討論。

大約同樣在那個時候，厄文兄弟和凱文成立了自己的宗教電影製片廠，叫做天國製片廠（Kingdom Studios）。我們沒有太大的進展，因為天國製片廠私下想要跟獅門影視公司（Lionsgate）合作拍電影，獅門發行了《夢想心樂章》以及其他成就斐然的宗教電影，像是《鋼鐵英雄》（*Hacksaw Ridge*）和《心靈小屋》（*The Shack*）。

等待期間，我不禁納悶我的故事到底拍不拍得成電影。我發現，從有想法走到拍電影的階段，宛如在坐世界上最久的雲霄飛車。

最後，凱文告訴我們，說天國不確定下一部電影是否要再拍音樂傳記。但是他向我們保證，說他們仍然想要拍我的電影，只是在《夢想心樂章》和我的電影之間可能會安插另一部電影。

他們光是願意考慮把我的故事拍成電影，我就感激萬分了。不過我確實擔心天國要是跟獅門合作，拍我的電影的機會是否會降低。我們跟凱文談了好幾年，我知道他很喜歡我的故事，但是我對獅門就一無所知了，包括他們到底有沒有興趣把我的故事拍成電影。就因為這樣，電影的進展又暫停了，不過我認為，電影能不能拍成，就順其自然吧。

下一次我聽到凱文捎來的消息時，他說厄文兄弟想要見見雅主音和我，並且把我們談論故事的過程拍成影片。我必須把會面日期安排在巡迴表演結束後，最後我們終於在夏末見面。

我講了一會兒故事的細節之後，他們問雅主音一些問題，雅主音告訴他們：「梅麗莎說，只要有一個人因為她的死而把生命奉獻給基督，她就死而無憾——這句話深深影響我，我就是受到她的感召。我本來信仰不堅定，上帝利用她的見證緊緊抓住了我的心。」

雅主音說完後，強和安迪停頓了一下，看著我們，過了半晌才說：「我們得把這個故事說出來。」他們想要在下一部電影拍我的故事。後來，他們告訴我，說雅主音的那番答覆說服了他們優先拍我的電影。

接下來，凱文和厄文兄弟必須說服獅門點頭答應。我們拍了一段八分鐘的短片——基本上就是試看片——跟獅門分享我的故事。我不知道結果會如何。結果剛好獅門的其中一名副總裁是碧莉・貝里（Bree Bailey），她小時候住在距離印第安納州拉法葉大約三十分鐘的地方，她就讀普渡大學，我在普渡大學的時候喜歡去披薩王等地方吃飯聊天，她對那些地方都瞭若指掌。碧莉對我的故事和音樂已然熟悉，因此她全力支持。

獅門不只決定要提前拍我的電影，他們接下來馬上就要拍。電影安排在二〇一九年五月開始拍攝，預定在六月底拍攝完畢，到這個時候，經過這幾年的反覆磋商，我第一次感覺電影真的要開拍了，而且馬上就要開始拍了！

兩項最重要的優先任務就是寫劇本和選齊演員。

一月開始寫劇本，四個月後開始拍攝，我心裡不禁納悶，「呃，這樣劇本能及時完成嗎？」

他們告訴我說，雖然故事會如實呈現，但是必須重新改編。我看過真實故事改編的電影，我知道改編是什麼意思，不禁擔心會改得面目全非。所以收到劇本的初稿時，我十分緊張，雅主音和我立刻開始閱讀，我們幾乎從頭哭到尾，我們倆異口同聲誇讚劇本：寫得好極了。劇本如實呈現我的故事，著實令我拍桌驚嘆。劇本是強・厄文和強・剛（Jon Gunn）寫的，梅德琳・凱洛（Madeline Carroll）後來也有提供協助。他們把我說故事時所講的話，一字不差地寫下來，編劇們堅持如實呈現故事，令我佩服不已。

我們一方面反覆修改，讓劇本臻至完美，一方面也開始選角。

我們當然想要家喻戶曉的男女演員來讓電影更有看頭，大約在三月的時候，他們告訴我說考慮找ＫＪ阿帕（Keneti James Fitzgerald "KJ" Apa）飾演我——大學時代的我。我當時不知道ＫＪ是誰，他們告訴我說他是熱門演員，參演電視連續劇《河谷鎮》（*Riverdale*）一炮而紅。我對那部電視連續劇也不熟。

我說：「好啊，可以。」

他們告訴我：「嘿，相信我們，他是最佳人選。他很棒。不過他很難邀。」

於是他們想辦法邀請ＫＪ，我這樣禱告：「上帝，如果這是祢安排的，祢一定要讓它實現。」

感謝上帝，ＫＪ讀了劇本之後便簽約，說他想要參與演出這個故事。我們與他見面，一拍即合，變成了好朋友。

我們邀請到ＫＪ之後，蓋瑞・辛尼茲（Gary Sinise）也馬上簽約答應飾演我父親。蓋瑞的大名如雷貫耳，能邀請到蓋瑞令我欣喜雀躍，因為他得過一次艾美獎和一次金球獎，還獲得過一次奧斯卡獎提名。

至於梅麗莎的角色，我們知道必須找能夠跟ＫＪ完美搭檔的人來演，這樣他們在螢幕上才能擦出精彩的火花。大約有一百名女演員來參加梅麗莎這個角色的試鏡，其中有幾位優秀的知名女演員，不過參與面試的電影執行製作們覺得她們都不適合飾演梅麗莎。

由於那一輪試鏡沒有找到適合演梅麗莎的人，於是ＫＪ問：「布麗特妮・羅伯森（Britt Robertson）如何呢？」我看過布麗特妮演的電影《老爸行不行》（*Dan in Real Life*）和《明日世界》（*Tomorrowland*）。我心裡大讚：「好呀，她很棒呀！」

KJ和布麗特妮合作演過《為了與你相遇》（*A Dog's Purpose*），所以KJ傳手機簡訊給她，結果……石沉大海。他沒收到回覆，他簡明扼要地說：「呃，真尷尬。」

接著KJ透過Instagram直接留言給布麗特妮，說他即將演出一部電影，希望能跟她合作，請布麗特妮考慮看看。他也提到他有傳手機簡訊給她。

「抱歉，」布麗特妮回覆，「我換手機號碼了。」

KJ聽到這句話著實鬆了一口氣！

布麗特妮讀完劇本後說：「我一定要演這部電影。」

她簽約之後，我心裡暗自驚喜，「天呀！這卡司真是太棒了！」《命運航班》裡的美莉莎·羅斯伯（Melissa Roxburgh）飾演梅麗莎的姊姊海瑟。接下來簽約的是，在電視節目《羅斯威爾》（*Roswell*）裡擔綱飾演主角的奈森·帕森斯（Nathan Parsons），他要飾演我的良師益友尚盧·拉吉瓦。接著是仙妮亞·唐恩（Shania Twain）簽約，飾演我的母親；再來尼可拉斯·貝齊托（Nicolas Bechtel）和魯本·達德（Reuben Dodd）加入，分別飾演雅列和約書亞。

接著我們需要人來飾演雅主音，結果選到《怪奇物語》（*Stranger Things*）裡的雅碧蓋爾·柯文（Abigail Cowen）。雅主音和雅碧蓋爾在電影拍攝期間相得甚歡，看見她們發展出友誼，我也非常開心。

所有演員讀完劇本的反應著實令我驚喜，他們全都想要參與演出這部電影，有些角色幾乎到最後一刻才找到人選，看到選角過程一波三折，我不禁慶幸我不是電影產業的人。不過無庸置疑，這組演員陣容是主集結的，我記得觀看電影拍攝期間，我心裡曾經想，我無法想像由不同的陣容來呈現我們的故事。

下一章

我喜歡到片場觀看那些優秀演員們演出我的故事，我盡量避免打擾他們，讓專家好好工作，但是雅主音和我在片場的時候，演員和劇組人員總是對我們親切熱情。安迪．厄文會不時問我問題，KJ也會問我具體的細節，像是應該如何回應，或處理故事的各個部分。他們全心投入，如實呈現每個小細節，看見大家如此尊重我們的故事，審慎處理，對我們倆都意義重大。

由於有工作行程（包括要錄製一張唱片），我錯過了大約一半的拍攝過程，我必須離開兩個星期，到夏威夷參加一場會議。去夏威夷而錯過電影拍攝，實在令我扼腕啊！

我從夏威夷回到片廠的第一天，剛好他們在拍醫院的場景，那一幕是梅麗莎認為自己痊癒了，想要下床。布麗特妮在病床上坐起身，大聲驚呼：「癌症消失了！癌症消失了！」

我無法承受看到那一幕，於是轉身跑走，找個地方崩潰痛哭。雅主音跟著我離開片場，緊緊抱住我，直到我平復情緒。

那一幕醫院的場景拍得太真實了，令我無法承受，感覺就像看著那一幕真實發生。在醫院發生的事，我談論過許多次，但是除了我腦海中的記憶以外，那是事發之後我第一次看見梅麗莎試著下床。

拍攝行程也有安排拍梅麗莎的死，但是拍攝當天我沒有回到片場。拍電影時，每一幕他們都會拍攝幾次，我沒辦法忍受反覆看那些場景。

整體而言，在電影片場親眼目睹我的人生在我眼前上演，是一種奇特的經歷。雅主音和我會一邊觀看一邊聊天，說在這之前，我們實在無法想像這部電影真的拍得成。在片場我格外能夠領會，梅麗莎想要感化一個人的心，已經變成如此巨大的事工，這已經感化了數百萬人，而且透過電影，還會再感化數百萬人。

我試著敞開心胸過生活，不論上帝想要怎麼改變我的生活，我都欣然接受。上帝託付我接下來用電影再次分享祂的故事，令我充滿感激。感恩是我心裡很大一部分的情緒：感謝上帝所做的一切，把我帶到現在這裡；感謝祂為我計畫的一切，成就這部電影。

巴特．米樂的電影十分成功，為拍攝《依然相信》開拓了道路。巴特是個值得信賴的朋友，慷慨撥時間給我，跟我詳談，不只談電影拍攝過程，也聊電影發行之後我可能會碰到什麼事。如果各位還沒看過《夢想心樂章》這部電影，我極度推薦各位去看。巴特的故事裡有描述他跟父親同住、飽受虐待的那段日子。巴特坦白告訴我，拍攝電影的過程，碰觸到了父親造成的一些傷痛，他至今仍舊無法釋懷，觀看拍攝電影的過程，激起了複雜的情緒，他發現他仍舊需要釐清那些情緒。

他告訴我：「兄弟，你要有心理準備，以後會有很多人不停來跟你分享他們的故事，你也要準備把那些重擔扛在肩上。」

我的書出版和我在演唱會分享見證時，我就遇過那種情況。巴特告訴我說，我會再遭遇那樣的情況，而且規模更大，因為電影觸及的人數更多，要有心理準備。

他也告訴我，我會收到比現在還要多的邀約，去談心痛的經歷。他告訴我，我會覺得自己不是專家，沒辦法談論悲傷，會困惑自己是否應該去談論那些事。不過接著他給我很棒的建議：「你覺得上帝要你做什麼，儘管做就對了。不可以因為門打得開就去做，要確定那是祂要你做的事。」

我特別需要聽這番話。上帝告訴我許多次了，不是所有的好事都是上帝要的，打開了門，看見一件看似是好的事情，不一定表示那是祂要我去做的事。

跟巴特談過之後，我相信，往前走的時候，正確的判斷根據就是我是否對出現的機會感到平安。我感激巴特的智慧，以及他願意跟我分享。

跟別人深談我的電影和故事的機會出現時，我不想要拒絕，但是我早就知道機會會多到我無法接受，因為我不只要照顧自己，也要照顧家人。

雅主音……哇！我虧欠她太多了。只要她隨時說：「我認為我沒辦法承受這部電影。」我就會到此為止。從十八年前我們相識起，她就深信我的見證，她鼓勵我談論梅麗莎，有時候她甚至大力支持我談論梅麗莎，因為她深信我的見證能發揮強大的力量，還有上帝由始至終都信守承諾。

她始終支持我，在電影拍攝過程中也是。看著她在片場鼓勵大家，是我最開心的事。演員和工作人員都告訴我：「你老婆真棒。」我總是這樣回答：「我知道啊！」

雅主音和我結婚十六年了，我們有三個還沒成年的孩子，不過我們明白，電影上映後，觀眾可能會愛上傑洛米和梅麗莎，會對梅麗莎和我無法共度一生感到失望。

雅主音告訴過我：「我知道，我知道，我知道，上帝要利用這部電影，只有這點才是真正重要的，我不重要。但是我也沒那麼天真，我知道觀眾可能會受到你和梅麗莎的愛情故事所感動，這一點我有想過，那種感覺不好受，不過我懇求主讓我的心變得堅強，用祂的恩典幫助我度過這一關。而且我知道這是我們應該做的事，我想要大家聽到上帝如何改變你的人生。」

太不可思議了。我希望透過這部電影讓大家了解雅主音有多偉大。

但是最重要的是，我想要榮耀上帝，因為祂完全的愛教導了我如何愛人，也教會我如何被愛。

第22章
依然相信

信仰和家庭。我的故事似乎總是會回到這兩個主題。

我爸媽仍舊住在拉法葉，仍舊在他們大約二十五年前創立的那間教堂當牧師。豐收堂專門救助城裡窮困潦倒的人，廣受好評。主在那間教堂裡，透過它施展神蹟，我爸媽對祂全心信靠，也因而獲得祝福。看見這些著實令人嘖嘖稱奇。

我姊姊四月結了婚，有四個很棒的孩子，對於上帝的恩典與慈悲，她也有強大的見證。我離家去讀大學時，四月還在做自己的事，而且比我做的還要極端許多。坦白說，當時她的生活一團糟。我讀聖經學院時，我經常把臉貼到地上禱告：「上帝，請把我姊帶回到祢身邊。」她過了一段時間才回到上帝身邊——在我大學畢業之後——不過她重新將生命完全託付給基督，她的老公阿崔也將生命託付給主。他們一直在我爸媽身邊，虔誠事奉主，阿崔負責帶領敬拜，我姊則負責經營教會的食堂，救濟當地居民。

我的弟弟雅列娶了一個賢妻良母，名叫荷瑟，生了四個乖巧的孩子。雅列和我相差八歲，因為整個國中和一部分的高中歲月我都在追逐自己的慾望，所以我離家去讀大學時，跟雅列並不親近，不像兄弟，當時我住在加州，開始到處表演音樂。不過最後雅列和我建立了親密的關係，他是天賦異稟的吉他手，曾經在我們的樂團裡演奏，他現在在我們的加州教堂裡擔任敬拜牧師。他待在我的樂團時，我們一起旅行，讓我們有機會彌補錯過的那段歲月。我希望自己能夠當個好哥哥，彌補我那麼多年來的失職，我也希望自己能夠激勵他善用上帝賜予他的天賦。

另一個弟弟約書亞是個十分特別的年輕人。他天生就有唐氏症，我離家去讀大學時，他只有八歲，所以在他的成長過程中，我與他相處的時間也不多。約書亞總是滿懷喜樂。我記得每當他生病的時候，媽媽就會跟他說：「約書亞，我們來禱告讓你好起來吧。」我媽禱告完後，約書亞馬上就會說：「噢，我感覺好一點了耶！」

我從約書亞身上學到很多，學習像孩子一樣懷抱信心，因為每當他生病的時候，他總是相信——相信媽媽會禱告，相信上帝會治癒他。他的想法就是那麼簡單，不會胡思亂想。我也喜歡看他跟別人互動，在教堂的時候，他會主動走過去擁抱別人，真心喜愛別人，臉上露出燦爛無比的笑容。雖然他從小體弱多病，我們現在也沒辦法再經常看到他開心喜樂的樣子，但是我想，有朝一日弟弟將能夠掙脫唐氏症的束縛。我迫不及待想看到他到主的身邊，到時候他就能夠徹底理解，而且過得比人生中最開心的那段日子更加喜樂。

二〇〇七年雅主音和我從拉法葉搬到納什維爾附近，我以為離開家人雅主音會比我還要難過！她和我媽的感情好得就像路得（盧德）和拿俄米（納敖米）一樣，聖經上寫說，人要離開父母，與妻子連合[23]。但是她跟我爸媽如膠似漆，她還開玩笑說，她覺得她才是要離開父母與丈夫連合的人。不過那段日子我們成長了許多，學習建立自己的家庭。

在我們結婚之前，雅主音就在加州見過梅麗莎的妹妹梅根和姊姊海瑟，她們成為朋友，多年來一直彼此保持聯絡。有幾年，在梅麗莎的忌日，雅主音送鮮花和一封信給梅麗莎的父母，他們也有送我們結婚禮物以及貝樂和阿雅的誕生禮物。雅主音和我們的女兒們初次見到梅麗莎的父母馬克和珍妮特時，他們待雅主音十分和善。

上帝待我甚好，給了我一個美好的家庭，我祈禱我的孩子對世俗娛樂完全不感興趣，希望她們漸漸長大時，面對我曾經愚昧追求的那些世俗娛樂，她們能夠說：「真粗俗，我才沒興趣呢。」

雅主音發行過兩張個人專輯，不過目前還沒決定要全力發展個人歌唱生涯。有時候她會想要把對她有意義而且能夠鼓舞別人的歌錄下來，她或許以後會再重返歌壇，但是至少她現在喜歡寫作，她寫了兩本書。我們倆都認為，電影拍完之後，我們應該要一起做更多事。雖然我們還不知道到底要做哪些事，但是我們已經一起寫了一本談論婚姻的書，書名叫做《夫唱婦隨》（*In Unison*），預定跟電影同時發行。

23〈創世記〉第2章第24節。

對我而言，孩子成長過程中最棒的一件事就是，雅主音和我有機會一起事奉主。我很佩服雅主音能夠暫時放下事業，全心全意為人母——而且她是個偉大的母親。她自己教育孩子，這樣她和孩子們才能夠有彈性，偶爾跟我出去旅行。雖然我很喜歡出去旅行，卻更討厭離開家人，一般而言，如果我要出去旅行超過一個星期，家人就會跟我一起去，這樣我們才不會分開太久，有時候比較短的旅行她們也會與我同行。

雅主音和我是大人，可以透過電話維持良好的溝通（畢竟我們訂婚之後的大部分時間也都是靠電話溝通）。電話當然不是最有效的溝通方式，不過我相信，上帝在我們的婚姻中，賜予了我們特殊的恩典和憐憫，讓我們能夠完成祂交付的使命。

不過我的孩子需要爸爸在身旁陪伴，不只是透過電話聽到聲音；他們需要我陪在身旁，跟他們互動；他們需要看著我為他們樹立榜樣。

在孩子很小的時候，我外出奔波的時候，雅主音和孩子會待在家，雅主音會在晚上跟他們一起禱告，並且告訴他們：「爸爸去跟大家講耶穌的事，總有一天，我們會在天堂見到他們所有人。」

我回到家之後，他們會問我：「爸爸，你有跟大家講耶穌的事嗎？」這很棒對吧？現在，他們長大了，不會再那樣問我了，不過他們仍然全心支持我們一家人犧牲奉獻，分享上帝對我們人生所做的一切。

貝樂小的時候，有一次我在跟她聊天的時候說：「爸爸好愛你。」

「有超過耶穌嗎？」她問。

「沒有。」我告訴她。

貝樂露出甜美可愛的表情說：「沒關係啦。我知道你本來就應該要愛耶穌多一點。」

我很有福氣，能夠跟家人分享我的工作。

雅主音曾經自己包辦巡迴表演的大小事（而且是好幾次），因此她了解巡迴表演的行程有多繁忙，她完全了解音樂產業的生意面。有幾次，全家跟我去巡迴表演，她發現行程開始讓我忙不過來。她會告訴我：「如果你太忙的話，我跟孩子就先回家，讓你專心工作。」或者她會給我空間，叫我不用擔心她們。她是個全然無私的女性。

我可不是因為對她偏心才說這句話，因為早在與神同在音樂祭的時候，我就這樣說過了，當時我們之間完全沒有火花。雅主音也天生擁有一副好歌喉，她講話還帶著十分甜美的南美口音喔！

她經常在舞台上和唱片裡幫我和聲。分享我跟梅麗莎經歷的見證，講述〈憑信心而行〉和〈依然相信〉背後的故事，接著再跟雅主音唱那些歌，會有一種很特別的感覺。有時在我們表演的時候，我會感覺到上帝賜予我一種圓滿的感動。

我多次被問到關於梅麗莎和雅主音的問題，我並不意外。這很難說明，我感覺我的心不需要為了容納她們其中一個人，而把另一個人推出去，我感覺我的心變大了，有足夠的空間可以同時容納她們兩人。現在雅主音和我結婚已經十六年了，沒有人會再拿她們兩人來比較了。其實從來就沒有人拿她們兩人來比較，不過雅主音才是上帝派來陪我共度今生的人，有時候想到這一點，都會不禁驚嘆。

不過後來上帝又為我的人生做了許多事，再再令我驚嘆。祂真是令人敬畏的上帝！我怎麼能不想要拼命跟每個人講祂的事呢？

我還記得那一年的聖誕節早晨，我拿出泰勒牌吉他，那時我心裡所想的，依舊是我現在的使命：主，不論祢要什麼。不是我的計畫，是祢的。我會全力達成。

我的渴望

有人請我解釋敬拜的定義，我回答說「做能夠榮耀主的事」。有一位採訪者問我這個問題，聽到我的回答後，他大吃一驚，因為他以為音樂家的回答會跟音樂有關。

我聽過有人把敬拜解釋成「唱給主聽的敬拜歌曲」或「禮拜天早上在教堂裡唱的歌曲」。但是敬拜涵蓋的範圍遠遠超過音樂，敬拜可以是很簡單的，比方說對話，我跟別人談論主，分享祂為我們的人生做了什麼事，讚美祂的名字，我認為這就是敬拜。

敬拜計畫是我跟唱片公司合作的第一次機會，敬拜計畫結束之後，我被分類為音樂產業的基督教搖滾歌手，後來我的音樂又被歸類為成人當代音樂。我演奏過不同類型的歌曲，不過我認為，我始終都是敬拜音樂家，或許更精確來說應該是，我始終認為我是敬拜主的音樂家。

我有一首歌叫〈我的渴望〉（My Desire），經常有人請我解釋歌曲的意旨，〈我的渴望〉的主旨相當簡單，就是其中一句歌詞所寫的：「這就是我的渴望，為祢所用。」就是這樣，這就是我的渴望——為上帝所用。

這首歌末尾有兩句歌詞清楚解釋原因：

祢所做的一切我無以回報
因此我把雙手交給祢使用[24]

我的手對我的使命十分重要，我用手彈吉他，我用手寫歌，所以我說我把雙手交給上帝，任憑祂使用，我是說真的。但是不只是手，我把心也交給了上帝。

我想要寫歌來感動上帝的心，我相信，上帝看見祂的孩子寫歌給父親，來表達敬愛、榮耀祂，祂心裡一定會感動。對我而言，真心寫出來的歌就是真實的，也是真誠的，真情流露。我真誠地說：「是的，上帝，這就是我現在的感覺。」我對祂敞開心房，祂才能改造我的內心。

24〈我的渴望〉，傑洛米．坎普作詞。

上帝說大衛是合祂心意的人，不是因為大衛很完美，是因為他知道悔改[25]。各位讀讀大衛的詩就會明顯發現，他把自己的想法與感受誠實告訴上帝，各位看看上帝如何改造大衛的心。

我就是希望能與上帝建立那樣的關係，徹底敞開心房，好讓祂能夠隨心所欲塑造我。我希望我的音樂也能夠幫助別人徹底敞開心房，跟上帝建立真誠的關係。

這就是我的渴望。

我們唱的另一首歌裡有一句歌詞是：「我們要大聲唱出來，讓全世界都知道耶穌在拯救世人。」在過去這幾年，主准許我們把這個訊息傳遞到新的地區，包括在超過四十個國家的國際表演。

我現在知道了，不論外國的聽眾是透過翻譯或是瀏覽Instagram的動態消息聽到我的話，很多人需要聽聽上帝如何幫助我們走過人生的深谷，人數多得超乎我們的想像，他們需要鼓舞，才能堅定不移地說出口：「我們必須相信！」

但是坦白說，在某些夜晚，尤其是梅麗莎剛去天堂的那幾年，我準備上台時，我十分清楚許多觀眾是來聽我分享我的故事以及唱〈依然相信〉，但是我卻不想要唱那首歌。我知道我的故事和那首歌是真的，但是感覺起來卻不像真的。

我會低落地告訴上帝：「我不覺得祢是美好的，我不覺得祢是信實的。」但也是在那樣的夜晚，我會真誠踩下信心的腳步，說：「好的，上帝，雖然我不想唱，但是我還是要唱。」我能夠那樣說，是因為在我人生遭逢困境的時候，上帝總會在我料想不到的時刻現身幫我。在那樣的夜晚，我把不想唱的情緒擺一邊，唱出我知道是真實的感受，我就會看見上帝神奇地遊走於觀眾之中。

最近這幾年，有時候在夜裡我會這樣想：「我今天晚上不能唱這首歌，因為我現在不信任上帝！」或者我會問自己：「我自己都在擔心人生接下來不知道會發生什麼事，我怎麼能夠告訴觀眾我『依然相信』？」不過我曾經義無反顧信任上帝，高唱〈依然相信〉，過往的那些經驗讓我鼓起勇氣，走上舞台，由衷唱出那首歌。每次我那樣做，上帝總是透過那首歌感動許多人的心，令我萬分驚喜；對我而言，如果沒唱，就等於被敵人打敗了。

我跟梅麗莎經歷的故事不只是故事，那是我的見證。而〈依然相信〉也不只是歌曲，那是我在奮戰中的吶喊。

將近二十年前的那一天，我在爸媽家的沙發上，即便不想彈吉他，我還是拿起吉他，接著〈依然相信〉就湧現在我的心裡。

（第一段主歌）

散亂的話語和空洞的思緒

25〈使徒行傳〉（宗徒大事錄）第13章第22節。

似乎從我的心裡湧現
我以前從來沒有感到如此撕心裂肺
我似乎不知該從何開始
就是現在，我感覺到祢的恩典如雨般落下
從每根指尖，洗去我的痛苦

（第二段主歌）
我依然滿腦子疑問，如墮五里霧中
我似乎依然背負著承諾
答案慢慢揭曉
我看見祢在為我的心運籌帷幄
就是現在，我感覺到祢的恩典如雨般落下
從每根指尖，洗去我的痛苦

（連接段）
我唯一可以去的地方就是祢的懷裡
在祢懷裡虛弱地向祢禱告

在心碎的時候，我可以看見這是祢給我的旨意
讓我知道祢就在附近

（副歌）
我依然相信祢的信實
我依然相信祢的真理
我依然相信祢的話語
即便我看不見，我依然相信[26]

我沒辦法自己講出這些話，當時我迷失在深谷之中，孤獨寂寞，連自己站起來都沒辦法。我在濃霧中抬起頭來看，看見慈愛的上帝就在我身邊，伸出手扶我站起身，開始陪我走向絕望的彼端。

我的人生旅程走得可不容易，其實，我的人生旅程仍舊繼續在走，將會一直走到神所承諾的那一天，「不再有死亡，也沒有悲傷、哭泣，或痛苦」。一路上，上帝在我的人生中安排許多貴人，幫助我走到現在這裡，不過最重要的是，上帝自己也出現在我的人生中，

26〈依然相信〉，傑洛米．坎普作詞。

陪伴我走每一步。我雖然沒辦法時時刻刻發現祂在附近，但是走出絕望之後，回顧過往，現在我終於發現了。

我知道許多人聽過或看過〈依然相信〉的歌詞之後，會說：「我現在就是那樣。」我由衷為各位禱告，願各位能夠找到主帶來的希望與治癒，就像祂曾經守護我那樣。我偶爾也會受困在相同的那座深谷裡，就像主利用強．寇森在奧勒岡州的家勸戒我一樣，我也可以告訴各位，上帝會指引一條路，幫助各位走出深谷。

我希望我能夠告訴各位何時可以走出深谷，但是我實在沒辦法，每個人都不一樣，我們應對困境的方法都不一樣。不過我們有一位上帝，祂一一照看每個人，他創造每一個人，他創造你，賦予你獨一無二的使命。要由衷接納上帝安排到你生命中幫助你度過難關的人，要由衷接納上帝。各位或許會跟我以前一樣，納悶祂到底聽不聽得到你的求救、到底關不關心你遭遇的種種困境，甚至祂到底在不在你附近。相信我，祂真的聽得到你的呼求、悲嘆和牢騷。祂真的關心你。祂真的在你附近——祂就在你身旁。

所以站起來敬拜祂吧。現在就開始敬拜，別等到度過難關才要敬拜，上帝值得你時時刻刻禱告，在難料的世事中，別錯過任何可以榮耀祂的機會。你的處境或許艱困，但是上帝永遠都是美好的。對上帝敞開你的心房，真心實意把你的感受告訴祂，徹底探索祂能夠如何運用你，哪怕你認為自己一無是處。

我經歷過那種困境，完全不想再經歷一次。不過現在我滿懷感激，上帝陪我熬過煩惱、孤獨、困惑、痛苦，讓我成長，讓我成熟，疼愛我，慈祥地引導我走向祂。我的人生充滿失望與痛苦，但是上帝是信實的。

這就是為什麼即便我看不見，我依然能夠挺直身體高唱：「依然相信。」

我**真的**依然相信。

而且，因為上帝帶我走過萬般苦難，我**以後依然會**繼續相信。

國家圖書館出版品預行編目資料

依然相信：美國最受歡迎福音歌手走過心碎，放手讓神帶領的恩典旅程／傑洛米．坎普（Jeremy Camp），大衛．湯瑪士（David Thomas）合著；高紫文譯. -- 初版. -- 臺北市：啟示出版：英屬蓋曼群島商家庭傳媒股份有限公司城邦分公司發行, 2021.12
面；　公分. -- (Soul系列；61)

譯自：I Still Believe.

ISBN 978-986-06832-8-8（平裝）

1.坎普（Camp, Jeremy）　2.基督徒　3.音樂家　4.回憶錄　5.美國

785.28　　110018495

Soul系列061
依然相信：美國最受歡迎福音歌手走過心碎，放手讓神帶領的恩典旅程

作　　者／傑洛米．坎普（Jeremy Camp）、大衛．湯瑪士（David Thomas）
譯　　者／高紫文
企畫選書人／彭之琬
總 編 輯／彭之琬
責任編輯／周品淳

版　　權／黃淑敏、江欣瑜
行銷業務／周佑潔、黃崇華、華華、賴正祐
總 經 理／彭之琬
事業群總經理／黃淑貞
發 行 人／何飛鵬
法律顧問／元禾法律事務所王子文律師
出　　版／啟示出版
臺北市 104 民生東路二段 141 號 9 樓
電話：(02) 25007008　傳真：(02)25007759
E-mail:bwp.service@cite.com.tw
發　　行／英屬蓋曼群島商家庭傳媒股份有限公司城邦分公司
台北市中山區民生東路二段141號2樓
書虫客服服務專線：02-25007718；25007719
服務時間：週一至週五上午09:30-12:00；下午13:30-17:00
24小時傳真專線：02-25001990；25001991
劃撥帳號：19863813；戶名：書虫股份有限公司
讀者服務信箱：service@readingclub.com.tw
城邦讀書花園：www.cite.com.tw
香港發行所／城邦（香港）出版集團
香港灣仔駱克道193號東超商業中心1F　E-mail: hkcite@biznetvigator.com
電話：(852) 25086231　傳真：(852) 25789337
馬新發行所／城邦（馬新）出版集團【Cite (M) Sdn Bhd】
41, Jalan Radin Anum, Bandar Baru Sri Petaling, 57000 Kuala Lumpur, Malaysia.
電話：(603) 90578822　傳真：(603) 90576622
Email: cite@cite.com.my

封面設計／李東記
排　　版／極翔企業有限公司
印　　刷／韋懋印刷事業有限公司

■ 2021 年 12 月 7 日初版

Printed in Taiwan

定價 380 元

城邦讀書花園
www.cite.com.tw

 ISBN 978-986-06832-8-8